新文创研究丛书

U0594806

网络直播：参与式文化与体验经济的媒介新景观

中国社会科学院社会学研究所"网络直播行业发展"课题组
高文珺　何祎金　田　丰　著

电子工业出版社

Publishing House of Electronics Industry

北京 · BEIJING

内容简介

信息技术和数字娱乐形式的新发展，为网络直播的兴起创造了可能。网络直播在中国的蓬勃发展，不仅引发了广泛的民众参与，大量的资本投入，同时也伴随着一些社会争议。本书将围绕网络直播缘何如此火热，网络直播所表现出的文化现象，以及如何理解和解决直播所引发的争议等问题，对网络直播进行较为系统的考察。本书从社会生态心理学的视角进行分析，将网络直播置于社会环境、文化情境和相关产业背景中进行探讨，采用参与式观察和访谈的方法，选取参与式文化和体验经济作为切入点，剖析网络直播文化如何形成一种社会媒介新景观；探究网络直播的社会心理功能与用户体验，网络直播存在的社会意义和价值，直播行业的生态和规范化问题，并讨论了如何通过扩展用户的体验，让直播行业得到进一步优化和发展。

本书对网络直播这一新生的媒介、文化和社会现象进行较为全面的分析，以期丰富相关领域的讨论，对直播行业从业者的日常实践有一定的启发作用，并为公众理解这一发生在他们身边的新媒介现象提供一种新的视角。

图书在版编目（CIP）数据

网络直播：参与式文化与体验经济的媒介新景观 /中国社会科学院社会学研究所"网络直播行业发展"课题组等著. —北京：电子工业出版社，2019.3

（新文创研究丛书）

ISBN 978-7-121-29557-7

Ⅰ.①网…　Ⅱ.①中…　Ⅲ.①网络营销—研究　Ⅳ.①F713.365.2

中国版本图书馆CIP数据核字（2019）第029461号

责任编辑：郭穗娟

印　　刷：北京捷迅佳彩印刷有限公司

装　　订：北京捷迅佳彩印刷有限公司

出版发行：电子工业出版社

　　　　　北京市海淀区万寿路173信箱　　邮编 100036

开　　本：720×1 000　 1/16　 印张：15.25　字数：242千字

版　　次：2019年3月第1版

印　　次：2024年1月第3次印刷

定　　价：58.00元

编委会

高级顾问

朱克宁　中国演出行业协会会长

编委会主任

赵克斌　中国社会科学院国情调查与大数据研究中心秘书长
赵　治　腾讯文化产业办公室主任

编委会成员

潘　燕　中国演出行业协会秘书长
李　艺　中国演出行业协会网络表演（直播）分会会长
瞿　涛　中国演出行业协会网络表演（直播）分会秘书长
刘颖艺　中国演出行业协会活动部项目负责人
田　丰　中国社会科学院社会学研究所青少年与社会问题研究室副主任、研究员
高文珺　中国社会科学院社会学研究所助理研究员
何祎金　北京工业大学社会学系讲师
钱兰萍　腾讯文化产业办公室
于丽丽　腾讯文化产业办公室
赵　燕　腾讯文化产业办公室
杨　光　欢聚时代集团（YY直播）
方　圆　广州酷狗计算机科技有限公司（酷狗音乐）
李荣明　斗鱼鱼乐网络科技有限公司（斗鱼直播）

余雪松　北京快手科技有限公司（快手）
张　杰　北京陌陌科技有限公司（陌陌直播）
梁志伟　北京蜜莱坞网络科技有限公司（映客直播）
鲁　林　北京密境和风科技有限公司（花椒直播）
尹丽珍　杭州战旗网络科技有限公司（战旗直播）
胥大杰　广州虎牙科技有限公司（虎牙直播）
杨　亮　北京六间房科技有限公司（六间房直播）

战略合作机构

中国演出行业协会网络表演（直播）分会
腾讯文化产业办公室

　　党的十九大报告明确指出："中国特色社会主义进入新时代，我国社会主要矛盾已经转化为人民日益增长的美好生活需要和不平衡不充分的发展之间的矛盾。"这一科学判断，反映了我国发展的实际状况，揭示了制约我国发展的症结所在，对于我们找准解决当代中国发展问题的根本着力点，更好地促进社会全面进步具有重大理论和实践意义。这既为互联网文化产业的新局面描绘了美好前景，也对新时代互联网文化产业的发展提出了新要求。

　　新技术的发展尤其是信息和通信技术的发展，对传统的娱乐业和媒体行业形成了巨大的冲击，出现了很多全新的数字娱乐体验形式。例如，社交网络、网络游戏、在线音乐、VR 电影等。当硬件和软件技术发展到一定阶段之后，网络直播应运而生，并在短时期内取得了惊人的发展。就网络直播的产品特性而言，它具有全民参与性、场景丰富性、互动性、即时性等特点。主播和用户在直播平台的互动过程中，制造了社会媒介的场景混合化景观，兼具参与式和场景沉浸式传播的特征。在这些因素的作用下，网络直播为人们提供了一种全新的体验形式，成为当代体验经济的一个重要组成部分。

　　作为一个术语，"体验经济"在 20 世纪末由约瑟夫·派恩（Joseph

Pine）和詹姆斯·吉尔摩（James Gilmore）提出，他们认为在新的历史时期，体验将取代服务，成为企业下一个价值创造的要素；他们将人类历史上的经济发展类型按阶段分为农业经济、工业经济、服务经济、知识经济和体验经济。这几种经济阶段并非一种线性的替代关系，而是在不同阶段共存与交叠。皮尔·丹摩尔（Per Darmer）和乔恩·桑德波（Jon Sundbo）认为，"体验"本身可以视为一个产品，同时也可以视为产品的"补充"，它是一个精神过程和心理状态。在一些活动中，不是商品本身而是一些补充物为消费者提供了体验。在当代生活中，体验具有较高的价值，消费者的需求也随之增加，由此带来的是竞争的提升，为新体验产品的创新提供了可能。当然，在丹摩尔和桑德波谈到"体验营造"（Experience Creation）问题时，指出了体验营造与体验生产（Experience Production）的不同。体验营造意在关注体验生产的过程，包括设计、管理、组织、市场和使用等环节。换言之，在体验营造中，体验是一系列事物、行动者和环节所建构出来的产物，而体验生产概念则将体验视为生产出来的产品。它对我们采取跨学科的多元视角，结合社会学、心理学、经济学和文化研究的理论视域分析体验经济及其营造提出了要求。

在本书所考察的网络直播中，参与式文化与体验经济分别代表了直播的两个重要方向。毋庸置疑，参与式文化是互联网社会的基本特征之一，在行动者相互连接的网络空间中存在多主体、多维度和多元化的社会互动，并因代际、社群、文化和身份认同的差异而形成了多元且异质的参与式文化。丹摩尔和桑德波将体验视为一种复杂的过程性建构，而不是局限于一种生产出来的产品。本书考察网络直播时，将其视为体验经济的一种，不是单纯局限于经济和生产层面进行分析，而是结合管理者、平台、主播和用户，从法律、文化、政策、社会心理和社会互动等多元视角全面分析。

网络主播与用户的场景化互动固然是体验经济的重要内容，但是网络直播作为一种媒介新景观，意味着一种文化经济（Cultural Economy）或创意产业（Creative Industry）乃至创意阶层（Creative Class）的兴起。可以看到，尽管存在诸多侧重不同的定义，但是相比于传统生产中需要大量投入的体力和脑力劳动，在当代的文化经济中，数字化信息技术发挥了越来越大的作用。在这里，不仅内容和产品的生产与制作依赖于新的数字化信息技术，而且大量的销售或使用本身也是基于网络平台。在人们的日常体验中，社交网络平台、购物平台、流媒体平台和直播平台上的活动日益成为日常生活的一部分。因而，文化经济和创意产业背后所对应的是 21 世纪的互联网与数字化生活。

在互联网时代的文化经济中，内部蕴含着巨大的张力，各种形式的新媒体产品和平台竞相涌现，相互竞争与发展。技术的加速变革与创新，使得新媒体和新媒介进入高速的更迭期。新媒体对旧媒体或传统媒体带来了巨大冲击，在文化经济中表现为新事物的崛起，拥有更多的资本和流量，并逐渐形成和巩固自己在文化经济中的重要地位。网络直播无疑是中国近几年互联网产业发展最为耀眼的领域之一，乃至受到全球市场的瞩目。在这一过程中，网络直播并非固守传统的直播领域，而是积极向纵深发展。在"直播＋"背后，实际上蕴含了不同行业和领域与直播进行结合的可能，传统的媒体都纷纷搭上网络直播的快车，进行自身的"再媒介化"转型，以适应新时代的需要。

当然，互联网信息和数字产品的传播与流动给技术治理和社会规制带来了挑战。这也是为什么本书从较为宏观的社会系统角度来考察网络直播的媒介性与社会生态，而避免将它简单地理解为行业内部的产业链结构或生产与劳动分工。本书也尝试在纯粹的技术理解和产业叙述之外，对网络直播进行跨学科的综合分析与考察。事实上，网络直播在近几年的高速发展过程中，出现了一系列的负面新闻和事件，为此，相关行业的政策、法规和管理规定相继出台，以规范和引导这一产业健康发展。采取纯粹的技术语言，并不能解释网络直播发展过程中存在的复杂性与问题。

　　此外，在关注社会结构变化的分析者看来，进入 21 世纪之后，在创意经济的背景下，知识和信息成为越来越重要的生产工具和资料，为创意阶层的兴起创造了可能，它们成为与传统工人阶层和服务阶层并列的新阶层。理查德·佛罗里达（Richard Florida）根据职业特点将创意阶层分为两部分：首先是"超级创意核心"（Super-creative Core），它包括科学家、工程师、教授、诗人、小说家、艺术家和演员等，他们生产和创造新的创意与设计；其次是"创意专家"（Creative Professionals)，它泛指知识集中型产业的工作者。按照佛罗里达的观点，美国三分之一的雇员属于这一阶层，他预测未来数十年，这一群体将持续增长。在中国，随着互联网尤其是移动互联网的应用和普及，自媒体时代已经来临。在一些专业技术门槛较低、主要依靠个人创意的行业，如短视频、文学、漫画等领域，通过生产用户自制内容（UGC），每个人都有可能成为产生经济效益的网络创意者。网络主播群体构成了网络创意者的一部分。

　　值得注意的是，在中国社会环境下，"网络主播"或许存在一定的社会刻板印象，但是在针对许多网络主播或从业人员的调查中，这一群体自身的综合素质其实并不低。就群体特征而言，网络创意者通常具有较高学历，并以生活在大中城市的青年为主。在网络直播行业中，根据"陌陌"在 2017 年发布的一份报告，46% 的主播接受过高等教育。虽然从职业特点来看，网络创意并不是一个相对稳定的职业，自我雇佣成为主要就业方式，但是他们大多经历从业余或兼职慢慢走向专业化发展的道路，一部分人获得认可而成为职业创意者。专业化的发展方向以及多元化的拓展内容，并不只是网络主播的努力方向，直播平台也在这些方面进行积极探索和尝试。

　　最后，人民对美好生活的向往，通过日益增长的文化需要表现出来。新时代人民的需求更高、更广泛，不仅对物质文化生活提出更高要求，而且精神生活的重要性日益凸显。在日常生活中，随着网络基础设施的普及，无处不在的互联网应用为民众提供了多元化的生活选择。本书的出版，对我们全面客观地理解网络直播及其社会生态提供了有价值的参考。通过全社会的努力，共同营造一个健康活泼、积极向上的网络直播环境和产业生态，不仅有利于繁荣和发展新时代的互联网文化以及体验经济，也会对满足人民日益增长的美好生活需求有所裨益。

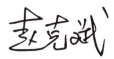

中国社会科学院国情调查与大数据研究中心秘书长

"当你在直播中互动时，感觉用了更人性的方法与他人建立联系。这是我们在沟通上的重大进展，也给人们创造了聚在一起的机会。"（扎克伯格，2016）。

"我们正在改变购物和追随名人的方式，这一切都归结为亚洲引领的直播发展的方向。"（Eileen Brown，2017）。

"不同形态的文化都能导致或实现不同方面的参与性。在数字文化中，许多人创作并分享媒体内容，草根和业余形式的表达获得了越来越高的能见度……网络文化的本质之一在于那些即使在过去只能拥有小部分受众的表达形式，通过互联网也能实现更大的社会性。"（亨利·詹金斯，2017）。

互联网进入 Web 2.0 时代之后，提供了更多的机会让人们从后台走到前台，成为内容的创造者和传递者，形成一种参与式文化。网络直播正是发展于这一时代背景之下。中国网络直播历经秀场直播、游戏直播、移动直播几个主要的发展阶段，2016 年，迎来了网络直播的高速发展，经过大浪淘沙、优胜劣汰，2018 年前后已经进入了平稳上升时期。截至 2018 年 6 月，中国的网络直播用户规模达 4.25 亿人，在 2020

年市场规模预计达到150亿美元（Cheng, 2017），在世界范围内处于领先位置。而伴随着网络直播的火热，人们对网络直播的一些争议也未曾间断，有质疑直播内容格调不高的，有批评内容同质化的，有热议主播素质的，有指责未成年人打赏的，也有怀疑直播发展前景的……这样一个全民参与又存在各种争议的社会现象，引起了我们课题组的关注。网络直播为什么如此火热？网络直播文化是一种什么样的文化现象？为什么直播会引起争议？如何理解和解决这些争议？带着这些疑问，课题组针对网络直播开展了比较系统的研究。

首先，采用文献分析法，回顾了传播学、心理学、社会学等领域对网络直播的相关研究。其次，在查阅大量文献的基础上，采用访谈法进行调研，走访了多家网络直播平台和公会，采访了直播生态中的不同行为主体，包括平台负责人、公会负责人、主播和用户，以此了解不同行为主体眼中的网络直播。最后，课题组成员采用参与式观察的方法，在不同类型的直播节目中观察直播过程，主播和用户的各种表现和互动，获得感性认识。

通过上述研究步骤，课题组发现，现有关于网络直播的研究，有从受众视角分析网络直播发展的（尹鹏远，2017；舒动，2017）；有从媒介场景视角分析网络直播现象的（向永心，2017）；有整体分析网络直播火热的基础和问题的（阴法锐，2017）；有从内容角度分析网络直播类型的（刘芳豫，2018）；有研究直播的社会价值和功能的（喻国明，2017；廉思，唐盘飞，2018）；还有一系列的行业研究报告分析直播行业的发展趋势和用户特点。但是，这些研究鲜有系统地分析网络直播的特性、社会心理基础、文化根源和特征、社会价值等问题。为此，本课题组从社会生态心理学（Socio-ecological Psychology）的视角，把心理和行为与宏观的社会环境相结合，关注两者如何相互影响。这里的社会生态主要关注的是宏观结构，如经济系统、政治系统、教育系统、社会和组织的奖惩系统、人口结构、地理环境、气候和宗教系统等（Oishi

& Graham, 2010; 窦东徽等, 2014）。本课题组认为，对于网络直播的研究，也要从社会生态视角出发，要将其置于社会环境、社会文化背景和相关产业背景中进行分析和探讨。在访谈和参与观察的过程中，本课题组从社会生态心理学的视角去发现问题，寻求答案。最终，课题组研究认为，可以把参与式文化（Participatory Culture）和体验经济（the Experience Economy）作为切入点去理解、分析和讨论网络直播现象。本课题组将网络直播作为体现参与式文化发展的一个重要社会媒介（Social Media），系统地进行分析，这也是本书的主要内容。

具体而言，本书以参与式文化和体验经济为着眼点，采用社会生态心理学视角，剖析网络直播文化如何形成社会媒介新景观；分析网络直播的社会心理功能与用户体验；解析网络直播存在的社会意义和价值；从直播内容、主体和权力结构方面，研究直播行业的生态和规范化问题；最后讨论如何通过塑造场景沉浸式体验、提升群体认同感等方式扩展体验范围，促进直播行业得到进一步优化和发展。概括地说，本书的论述围绕 3 个方面进行探讨：第一，世界范围内，网络直播行业为什么在中国的发展势头最为迅猛和突出？第二，网络直播行业存在和发展的社会文化心理根源在哪里？它具有怎样的社会价值？第三，网络直播行业如何进一步优化和发展，创造更多的社会价值？

在 Web 2.0 浪潮下，参与式文化兴起，大众不是被动接收信息和接受文化的影响，而是主动参与了文化的创建过程。同时，传播资源盈余，受众选择多元化，以个体需要为首位，受众本位得到确立。网络直播产生于这一背景之下，顺应了"参与文化"的潮流，塑造了社会媒介的新景观，满足了人们在信息化和碎片化时代的心理需要，同时迎合了体验经济潮流，因此争取到了大量的受众。本书从社会媒介的角度审视网络直播，将在参与式文化的框架下，从文本、主体、结构层面，具体分析网络直播发展相关的几个重要因素：网络直播的文化特点、网络直播的内容、网络直播的生态系统、直播规范化和网络直播的社会价值与发展趋向等问题。本书的基本分析框架架构如下：

第一章在参与式文化背景下，考察网络直播兴起、发展的历程及其在不同地区的发展状况；剖析网络直播在中国火热的原因、发展趋势和存在的问题。探究网络直播作为社会媒介的基本特征，并讨论其所具有的参与式传播和场景传播的特点。分析网络直播在体验经济时代全方位营造消费者体验的优势。

第二章从文化空间、多元文化、体验经济等概念入手，具体分析网络直播的技术文化和能动性特点，探讨网络直播文化的社会心理功能，并重点分析网络直播所满足的社会心理需要和营造体验经济之间的关联。

第三章从参与式文化的文本角度分析直播内容。在参与式文化所涉及的文本中，用户生成内容（User Generated Content, UGC）是重点考察的内容，也是网络直播行业最初发展的基石。近几年，专业生产内容（Professional Generated Content，PGC）和专业用户生产内容（Professional User Generated Content，PUGC）在网络直播文化的文本中崭露头角。本章对不同类型的直播和不同的生产内容方式进行论述；并分析作为社会媒介新景观，不同类型的直播如何发展体验经济，促进行业发展。

第四章从参与式文化的主体角度分析直播生态。参与式文化的主体是积极参与的受众，通过参与媒介信息和文化的生产，文本生产者和消费者的边界日益模糊，参与式文化中的文化个体扮演着多重角色。在网络直播中，受众既可以是主要的内容生产者，即主播；又可以是消费者，即平台用户，而在做用户的时候，又通过弹幕等方式参与文化生成。未来学家托夫勒曾创造了产出型消费者（prosumer）这一全新概念，这是由生产者（producer）和消费者（consumer）所构成的混合词汇，指那些参与产品制造的消费者。本章在参与式文化生产者、消费者、产出型消费者这些概念基础之上，将直播生态置于社会系统中进行分析和考察，分析网络直播与互联网企业、社会规范、社会环境和用户之间共同构成的直播行业的生态特征。

第五章从参与式文化中的权力结构入手，分析直播的规范化问题。参与式文化是一种新型的媒介文化，它缩小了消费者与内容制造者之间的距离，带来了文化权力的变化。技术力量、商业力量、政治力量都在参与式文化场域中发挥各自的影响和作用，第四章涉及这几方面力量在直播行业生态中的平衡，第五章则重点分析国家如何通过审查，实现政治层面的力量介入和管理网络直播的参与式文化，来监管、督促直播文化良性发展。

第六章结合网络直播的特点，从提升社会公平、增进权力平等、提升底层社会的现实预期和推动社会群体共生生态等几方面探讨网络直播的社会价值。

第七章从打造沉浸式场景体验、发挥体验经济优势、拓展文化内涵、加大小平台监管力度、提供主播职业培训、提升心理群体认同等方面，对网络直播的优化和发展提出建议。

本书最终得以完成，离不开在研究过程中，给予本课题组大力支持的各个单位、部门和个人。中国演出行业协会网络表演（直播）分会和腾讯文化产业办公室在调研过程中，多次帮助沟通和协调，并多次给予恳切的建议。调研还获得多个直播平台和公会的鼎力协助，接受访谈的各平台负责人在访谈过程中，知无不言，言无不尽，既畅谈自己对于行业发展和用户心理的理解，又不避讳行业发展中存在的问题，如内容同质化、垂直领域发展难题等，让课题组获得了宝贵的经验资料。此外，还有那些参与调研的网络直播主播和用户，坦诚地和课题组分享自己的心路历程和经历，拓宽了我们理解问题的视角。在此，对这些机构和个人表示真挚的感谢！

中国社会科学院社会学研究所"网络直播行业发展"课题组
2018 年 12 月 31 日

目 录
content

1

第一章

从“参与”与“体
验”看网络直播发展

▶▶▶

新的传播方式不仅在技术上实现了革新，而且从更深的层面影响着人类的社会生活、文化形态和社会行为方式。由"读"走向"写"，人们可以更多地参与互联网的创造活动，尤其是内容上的创造。信息传播方式由单向传递走向了双向互动，传统意义上被动的信息接收者和媒介消费者，都有机会在传播过程中变成主动的信息分享者与传播者。这一系列变化在宏观意义上也促成了媒介文化的变革：传统的被动的媒介文化正逐步转向更注重创造与分享的参与式文化。随着 Web 2.0 等新技术的发展，新的传播媒介不断涌现，博客、播客、维基百科、社交网络（Social Networking Services，SNS）、虚拟社区、直播等新的多元化的社会媒介成为网络社群的汇集场所。新媒介跨越了消费与内容制造的鸿沟，带动了由下而上的多样性的受众传播实践。受众创作了大量鲜活的内容，并借助各种社会媒介平台相互分享，形成了一种新的、互动式的媒介文化：参与式文化（岳改玲，2010）。

网络直播正是一种体现参与式文化的社会媒介平台。正如研究者所指出的那样，网络直播正在产生一种新的在线文化，影响着世界各地的行业，并重新定义了人们如何与他人、与商业进行互动。有分析认为，到 2021 年，网络直播将成为价值 705 亿美元的行业。分析者还普遍认为，亚洲尤其是中国的网络直播处于世界领先地位（Brown，2017；Cheng，2017）。《福布斯》（Forbes）在 2018 年 6 月的文章中介绍了直播产业在中国繁荣发展的情况，认为如同中国的电子商务引领了世界潮流，中国的网络直播也将引领世界潮流。本章简要回顾网络直播的发展历程，分析中国网络直播火热的原因和直播行业在发展中所面临的问题，并提出如何从参与式文化框架和体验经济的视角去理解网络直播文化。

一、国内外网络直播的发展概况

（一）国外网络直播的缘起与发展历程

网络直播可追溯至网络电视直播，这类型直播起步较早，可称之为网络直播的史前时代。美国在线（AOL）在 2000 年将网络与电视相结合，推出了 AOL TV 这一交互式电视服务，用户可以像在网上查找网址那样便利地挑选电视节目。之后，微软、康卡斯特（CMCSA）、时代华纳等数家公司都开始进入这一交互式电视领域。人们最早对网络直播的印象就是在互联网上进行的电视内容的即时转播，如大型体育赛事、音乐会、大型晚会及重要会议等。

到了 2005 年，由于新技术的应用及资费的下降，观看网络电视节目的人数开始迅速增加，以 YouTube 为代表的视频平台访问量急速增加。到了 2007 年，以 Hulu 为代表的网络视频平台出现，极大促进了直播行业的发展。Hulu 网站免费为用户提供正版的直播内容、视频等服务，并且节目以便于分享的方式呈现，甚至可以编辑。这样，用户不仅可以随时随地查找并欣赏专业媒体内容，还可以在自己的博客或社交网站上重新上传整部电影或任何片段。Hulu 吸引了大量的用户，访问量持续上涨，网站上线仅一个月就位列美国视频类网站前十名。这一时期，还出现了 Joost 网站，这是一种 P2P（Peer-to-Peer）的网络电视，观众不仅可以任意选择视频，还可以在看视频的时候，与观看相同节目的其他观众交流。该平台具备了一定的社交功能，形成一个社区，也让直播行业开始更加注重与受众的互动。

2011 年，直播应用程序 YouNow 的推出，被认为是国外网络直播开启的标志。在 YouNow 程序上，用户可以通过视频匿名向屏幕前的不知名用户进行实时广播，制作人的初衷是为了实现"用户创造的视频空间"。网站上的功能采用游戏化风格，让用户的目光都关注屏幕。随着平台用户访问量的增多，YouNow 成为创造网络红人的平台，直播间通过屏幕侧边栏的排名榜，鼓励主播争夺该社交网络其他用户的关注。2014 年，一款名为 Meerkat 的移动直播软件在美国流行起来。这款软件集合了 Twitter、Instagram 和弹幕网站的优势，用户可通过手机移动客户端进行直播，但只能够实时观看。由此开始，移动互联网也进入了直播时代。这股移动视频直播的热潮也在此期间涌入了中国，并在中国快速发展壮大。

但随着效仿 Meerkat 开发出的应用程序 Periscope 被 Twitter 收购，Meerkat 失去了 Twitter 的核心流量源，在 2016 年宣布下架。Periscope 的口号是"通过别人的眼睛来看世界"（See the world through someone else's eyes），用户通过自己的 Twitter 账户登录，并可将内容在 Twitter 上直播。在直播过程中，观众可以留言或送爱心，由此进行交流。Periscope 一经推出，就在短期内发展了数量庞大的用户群。在这股网络直播的热潮下，不仅是 Twitter 而且许多传统的社交网络或社会媒体平台，也纷纷通过各种形式开发自己的直播产品与应用。2016 年 4 月，Facebook 向所有用户推出了 Facebook Live，在 Facebook 中作为信息流呈现。在直播过程中，只有已被关注的用户和自己的好友可以观看，观众也可进行弹幕评论点赞。除个人用户外，很多新闻媒体也开始通过 Facebook Live 进行新闻事件的直播。此后，谷歌（Google）也在 YouTube 上宣布推出移动设备直播。自此，用户在 YouTube 的应用上就可一键开启直播。国外的网络直播平台逐渐形成"三足鼎立"的局面，分别是 Twitter 的 Periscope、Facebook 的 Facebook Live 和谷歌（Google）的 YouTube 直播服务。

（二）中国网络直播行业的发展历程

中国网络直播行业的发展大致可划分为三个阶段，分别是 PC（个人电脑）秀场直播时代、游戏直播时代和移动直播时代。第一个阶段是 2004—2012 年的 PC 秀场直播时代，可称之为直播 1.0 时代，这是中国网络直播发展的早期阶段。第一代直播平台的代表为 YY、9158 和六间房。从 YY 的 YY 房间到六间房的"秀场"，直播视频互动模式逐渐进入用户视野，为用户提供了区别于以往录播节目的实时直播内容，实时观看和深度互动的特点给用户带来了全新的内容和观看体验。在直播过程中，用户可以用虚拟物品表明对主播和节目的好恶，这一"打赏"的赢利模式成为继"游戏、广告、电商"之后的第四种移动互联网赢利方式（方正证券，2016）。2007—2012 年，A 站、B 站上线并快速发展，为单一的视频内容增加了弹幕功能，进一步丰富了互动体验。

这一阶段的网络直播平台工具主要集中在 PC 端，形式以主打美女和娱乐的秀场为主。这种直播的内容通常是妆容精致的女性在镜头前唱歌、跳舞、聊天、卖萌等。这一时期，由于只有这样单一的秀场直播，并且监管也尚未成熟，一些涉黄、涉暴、低俗的直播内容层出不穷，打"擦边球"、钻监管漏洞，成了网络直播行业中一种不健康的现象，导致行业内乱象频生。不少平台屡次爆出不雅视频，如主播大尺度的直播视频，而网络直播行业在这一时期也被贴上了"低俗化"的标签，没有获得社会的广泛认可。观看网络直播似乎成了一种"低格"趣味。2011 年以前，每年新成立的网络直播平台都保持在 3 家左右；2011 年，网络直播领域掀起了一个发展的小高潮，这一年新成立的网络直播平台数量达到了 10 家。

第二个阶段是 2013—2016 年，这一时期是网络直播领域高速发展的阶段，游戏直播的发展让网络直播真正火了起来，可把这个时期称为直播 2.0 时代。这一时期具有代表性的直播平台有"斗鱼""虎牙""战旗""熊猫"等。事实上，直到如今，游戏领域的直播依然火爆，很多游戏的主播都是身价千万级的人物。在第一阶段，游戏直播还处于发展的萌芽阶段，而且主要集中于 YY 直播。2012 年，YYTV 推出了一款支持网络游戏个人直播的插件，中国开始进入游戏的网络直播时代。这个时期的游戏直播主要是作为直播平台的一个频道而出现的，需要用户进入各个房间来观看资深玩家的直播。随着 YY 和 9158 先后在美国和中国香港上市，资本对网络直播领域的关注度越来越高，在此阶段新成立的网络直播平台达到了 52 个。互联网巨头如腾讯、360、新浪、网易、优酷等都进军网络直播领域，而传统媒体如浙报传媒，也进入网络直播这片蓝海之中，打造了以游戏直播为主体的网络直播平台——战旗 TV。

这一阶段，在休闲娱乐类直播继续发展的同时，游戏直播强势崛起。两款火爆全球的游戏魔兽争霸（DOTA）和英雄联盟（LOL）为直播行业带来了发展的春天。2011 年 9 月，英雄联盟国服开启公测，借助腾讯的平台优势，经过两年的发展，英雄联盟成为国内最受欢迎的网络游戏，同时带动了电竞行业的发展，形成了自己独有的电子竞技文化。

6

再加上各种游戏赛事活动的举办，游戏玩家观看游戏直播的热情也随之高涨，以斗鱼 TV、战旗 TV 为代表的游戏直播平台崛起，和秀场直播分庭抗礼。在这个阶段，手机直播类 App 开始出现，移动直播出现萌芽。

第三个阶段是 2016 年至今的移动直播时代，又可称之为直播 3.0 时代，外界普遍认为 2016 年是移动直播元年。这一阶段的网络直播走向成熟阶段，资本继续大量涌入网络直播领域，移动直播的趋势越来越明显，移动直播平台数量"井喷"且直播用户数量开始大幅度增长，全民直播时代来临。这一阶段的直播平台代表有花椒和映客。移动直播时代，网络直播在技术层面、内容层面和商业层面上都有较大突破。技术层面的突破，最为核心的是移动技术用于直播。移动技术的应用，可以让主播只需要一台手机，安装直播 App，就可以随时随地进行直播。此前的直播，只能在 PC 端用摄像头在特定的场景下进行直播。现在，任何人都可以直播，在任何地方，任何时间，只要有网络就可以直播，这给直播提供了极大的便利。内容层面的突破表现在直播的内容开始泛生活化。

直播 1.0 时代和直播 2.0 时代，游戏类直播需要专业技术，秀场类直播虽然不必那么专业，但是也需要在特定的场景、秀场里制作出来，还是有一定的专业性和门槛的。到了直播 3.0 时代，移动直播的便利让很多新内容的产生具备了可能，直播的内容从原来的以秀场直播和游戏直播为主导，开始转向生活的方方面面——吃饭、逛街、运动、旅游、骑行、化妆、服饰穿搭、购物、睡觉……绝大多数的生活场景都可以直播，而且直播的内容无论新奇还是平常都会有人观看。在商业模式上，自 2016 年以来，直播平台寻求多方位合作，与电商平台、旅游等不同行业相互助力、合作共赢。

目前，直播行业的发展从野蛮生长时期进入了平稳增长的时期。

2016 年，网络直播平台如雨后春笋般涌现，曾在一段时间内，平均每 3 小时就有一款新的直播软件上线，开启了千播大战。经过大浪淘沙，直播行业逐步进入了稳定时期。根据 2018 年中国互联网络信息中心（CNNIC）发布的报告，截至 2017 年年底，我国开展或从事网络直播业务的公司较 2016 年年底约减少 100 家，但同时网络直播市场整体营收规模较 2016 年增长约 40%。大量中小直播公司被洗牌出局，头部平台则凭借稳定的用户规模和运营模式，建立起了差异化优势。

二、中国网络直播火热的原因

国外研究者认为，网络直播正在产生一种新的在线文化。它的发展势头甚至已经取代了社交媒体平台、信息软件和电子商务，它正在影响着世界各地的行业，并重新定义了人们如何与企业进行互动。特别是在亚洲，网络直播已经形成了新的实时销售模式，并出现了大量新的在线名人。以往的点播视频主要通过广告获利，现在的直播视频则是通过消费者实时购买、礼物虚拟化和广告投放等途径获利。目前，直播应用程序的受欢迎程度在亚洲处于历史最高水平。日本、泰国和韩国的移动直播使用率从 60% 增长至 95%，每个用户平均每月花 300~500 分钟登录观看直播。而在中国，相关数据显示，2017 年中国网络直播市场规模达到了 369.6 亿元，用户规模达到了 3.92 亿人。根据中国互联网络信息中心（CNNIC）2018 年发布的第 42 次《中国互联网发展状况统计报告》，截至 2018 年 6 月，网络直播用户规模达到 4.25 亿人，占全体网民的 53.05%，用户使用率为 53.0%。高盛的分析师预测，中国网络直播市场规模将从 2015 年的 20 亿美元增长到 2020 年的 150 亿美元（Cheng, 2017）。

为什么中国的网络直播行业发展在世界范围内遥遥领先？本章作者

认为这与宏观社会环境、人文环境、互联网发展和网络直播自身的特点关系紧密。在宏观社会环境方面，经济发展提供了基础和社会驱动力，政府开放包容的态度和有力的监督提供了政策支撑和良性发展的基石；在人文环境方面，碎片化社会格局、新媒体时代社会心态和多元文化取向产生了新的心理需要；在互联网发展方面，Web 2.0 时代互联网技术的发展，让强调创作和分享的参与式文化得到了极大发展，形成了新的媒介需要。网络直播自身的特点迎合了人们新的社会心理需要和表达、参与的需要。下面对此逐一展开分析。

（一）宏观社会环境因素

改革开放 40 年以来，中国社会在经济、政治、文化等方面都取得了骄人的成绩，社会充满活力又和谐有序的发展成为包括网络直播在内的社会媒介发展壮大的基本条件。

从经济效益驱动来看，网络直播所带来的经济利益是驱动行业发展的一个重要因素。近几年来，互联网电子支付技术在中国日益成熟，成为人们日常消费和收付款的一种重要方式。截至 2018 年 6 月，68.8% 的网民使用网上支付，70.0% 的网民使用手机网上支付。电子支付技术为网络直播的商业价值创造了前提，网络直播目前的营收来源主要是广告和打赏功能，而打赏功能更是直观地体现了网络直播是存在巨大经济潜力的互联网行业之一。如前所述，"打赏"是"游戏、广告、电商"以外的第四种移动互联网营利方式，这也是中国直播平台首创的营利模式。近年来，已经吸引了国外知名直播平台（如 YouTube，Twitch）的效仿。

打赏功能是指用户在观看网络直播的过程中，对主播所表演和传递的内容感到有价值，或者对直播间主播个人魅力表示认可的情况下，在直播平台上通过电子支付的方式购买虚拟礼物送给主播，虚拟礼物的价值从几角到几千元不等。基本上，各个直播平台都有一套礼物系统，礼物大同小异，并且价格明了。对于受众在直播平台上对主播消费的打赏金额，直播平台按照规定与对应的主播进行利润分成。从相关数据可以看出，受众比较能接受在观看直播过程中进行消费。经济效益吸引了资本对于网络直播领域的青睐，纷纷进行投资，进而扩大了整个行业的市场规模。另外，通过直播就可以获得可观的经济收入也吸引了许多人自发投身到直播的大潮中，为网络直播平台提供了内容资源和源源不断的主播。

从政策制度方面，国家对互联网产业发展和文化产业创新都给予了大力支持，出台了一系列支持互联网产业发展的政策。2015 年 5 月，国务院出台了《关于加快高速宽带网络建设推进网络提速降费的指导意见》，提出大幅度提高网络速率和有效降低网络资费的"提速降费"目标及相关举措。2015 年 7 月，国务院印发了《关于积极推进"互联网+"行动的指导意见》。2016 年，国务院发布了《"十三五"国家战略性新兴产业发展规划》，将数字创意产业列为重点打造的新兴产业之一。该规划明确提出发展数字文化、丰富数字文化内容和形式，通过全民创意、创作联动等新方式，创作优质、多样、个性化的数字创意内容产品，提高网络视频、在线演出等文化产品的市场价值，推进数字创意生态体系的建设和完善。网络直播也是一种新型的数字内容，是数字文化产业的新业态，它不仅加速了媒体内容的传播，还让企业获得流量并增加收益。网络直播借助政策的东风和资本的进入，成为"大众创业、万众创新"的一个新领域。

与此同时，政府增大了监管力度，多个部门陆续出台了相关规定。例如，2016 年，国家新闻出版广电总局（以下简称"广电总局"）发布了《关于加强网络视听节目直播服务管理有关问题的通知》，国家互联网信息办公室（简称网信办）出台了《互联网直播服务管理规定》，文化部出台了《网络表演经营活动管理办法》。此外，相关部门依据相关法律法规对直播行业进行了大力整治。网络直播行业内部也积极进行自律监察，例如，2016 年，20 多家网络直播平台制定《北京网络直播行业自律公约》。在政府监管和行业自律的双重作用之下，针对违法违规直播内容的关停整改行动成效显著，网络直播行业最初的乱象得到改善，粗糙模式的平台被淘汰。虽然仍存在个别违规现象，但是行业内容规范基本形成，促进了行业的良性发展。

在社会文化驱动方面，自改革开放以来，社会文化日益繁荣兴盛，充满着创新、创造的活力。尤其是伴随着互联网和新媒体技术的发展，文化的传播媒介日益增多，艺术表现形式日益丰富，Web 2.0 的发展更是实现了创作生产传播和大众参与的互动。借助互联网新兴的传播媒介，以多样化的手段承载多样化的文化，以多样化的手法演绎多样化的创造，可以实现传统文化与现代文化、精英文化与草根文化的融合。由此，以灵活的文化表现形式满足人们多元化的文化需要，同时，又激发了人们传承和创新文化的想象力和创造力。

网络直播正是这样一种新媒介。2016 年，故宫博物院利用网络直播在首都机场的"吴门烟雨"室内园林景观区，对南唐画家顾闳中的《韩熙载夜宴图》的画作进行原版演出，有 13 万人观看了直播。"直播 + 非遗"借助直播平台将非物质文化遗产以更具活力的方式展现给大众。在各大网络直播平台上，还能见到不少传统民间艺术、戏曲、民乐演奏的展示。传统媒体也开始拥抱直播来展现自己的活力，"直播 + 广电"、一些电影节、电视剧宣传、综艺节目也纷纷引入直播，越来越多的传统媒体开始尝试借助直播的力量增添文化表达的活力。可以说，人们日益增长的文化需要和文化产业源源不断的创新活力成为网络直播行业持续发展的驱动力。

（二）人文环境因素

第一，中国社会日趋多元化，社会认同也日趋多元化。社会多元化趋势表现为社会类别的增多，它来自社会结构和生活方式的巨变导致的社会角色和生活特色的多样性。例如，同样是度假休闲，不同社会阶层的人选择的方式完全不同。即便是处于相同阶层的人，也有五花八门的休闲方式。并且，社会阶层与休闲方式也有交叉。社会生活选择的丰富性，造就了许多新的类别，例如，使用手机的"拇指族""低头族"；原本没有外出旅游经历的人，现在形成了"驴友"群；更有那些附着性很强的"粉丝"团，不断验证着"物以类聚，人以群分""人各有志"之类的经验谈。这种变化也被称为社会复杂度的增加（Triandis et al,1988）。

以往社会成员的身份类别较多来自先赋性因素，如年龄、性别、方言、居住地、民族、种族、学历、职业、行业等社会人口属性。进入多元化社会，出现了越来越多来自获得性因素形成的群体类别，这些群体类别主要是根据生活方式、价值观念、心理特性、行为偏好进行划分的，也被称为"心理群体"（Psychological Group），意指个体与群体的某种心理联系而构成的类别群体。这种群体不是依赖某些社会人口属性被归类的统计群体，如由收入而划定范围的群体、由年龄而划定范围的群体，而是通过个体的选择、个体内心心理状态的表达而形成的同质性群体。它更具有主动性、选择性、参与性和建构性的特征，是多元化社会和人们的社会经济行为形成互动而赋予人们的新身份及其分类或分层归属。它可能超越传统社会类别或社会分层给予人们的基本定位，释放出更多的由意愿彰显的生命活力（杨宜音，高文珺，2016）。网络直播平台为人们搭建起了"趣缘"部落，让用户可以寻找拥有共同兴趣和爱好的人，建立"趣缘"群体认同，满足归属感需要。

第二，新媒体时代，文化选择和媒介选择都日趋多元化。一方面，在经济飞速发展和全球化浪潮之下，人们的文化需要日益多元化，传播媒介也日益多元化，人们可以任意选择自己喜欢的节目进行观看。为了满足受众不同的文化需求，吸引受众的目光，获得良好的经济效益，不同媒介之间不断竞争，实现节目创新和媒介融合。而在互联网时代碎片化的特点下，能在任意时间提供多样化节目内容的媒介，无疑将在这种竞争中取得优势，网络直播正是这样一种媒介。

另一方面，在大众参与的时代背景下，人们已经不仅仅满足于被动地使用媒介、观看节目，越来越多的人参与传播，借助互联网进行自我展示，成为内容的制造者和传播者。从人们一开始使用互联网，如从电子邮件、门户网站到论坛、博客、即时通信，再到播客、社交网络，从功能角度看，似乎是在沿着从记录、查找、通信到自我表达、表演的轨道变化。"鬼畜"文化（恶搞视频）、弹幕文化、自拍文化等各种形式的"表演"比比皆是，网络为参与者搭建了"演出"的平台。因此，多元的文化需要及网络中自我呈现的需要是网络直播快速发展的一个不可忽视的原因。

（三）互联网发展与媒介环境因素

在人类文明和社会发展的过程中，信息传播与交流至关重要，因而媒介技术的发展对人类社会发展具有深刻影响。麦克卢汉把媒介视为社会发展和社会形态变化的决定因素（麦克卢汉，2003）。人类依靠语言和文字告别了原始的口头传播；机械化印刷奠定了大众传播的基础；电子媒介的发展实现了远距离点对点的信息传输，信息传播打破地域限制，更加高效；互联网的出现被认为是第四次传播技术革命，人类进入信息社会。网络直播的快速发展也得益于当今飞速发展的互联网技术。

Web 2.0 时代互联网技术具有中心化、开放、共享的特点，使得网络传播改变了以往传统媒介和 Web 1.0 时代单向的传播方式，传播的交互性增强。网络直播正是顺应这种参与式文化需求的产物，不同于传统媒体和一般的互联网节目，网络直播既能满足人们对丰富节目内容的追求，又能满足人们参与内容创作的需求。因此，网络直播一经产生，就吸引了很多受众的注意力，受众的积极参与又产生了大量鲜活的内容，为更多受众提供了巨大的选择空间。

互联网接入的易得性为网络直播迅速发展创造了良好的网络环境。我国互联网基础设施建设不断优化升级，同时政府报告明确提出手机流量提速降费的要求，使得我国的网络信息服务的覆盖范围扩大、连接速度提升、使用费降低。截至 2018 年 6 月，我国通过手机接入互联网的比例高达 98.3%，家庭、工作场所、城市公共无线网络部署进程加快，加上流量共享、流量当月不清零、取消流量漫游等"提速降费"举措的落实，我国 3G/4G 用户进一步增长，移动互联网接入流量显著增加。2018 年 1—6 月，移动互联网接入流量消费累计达到 266 亿 GB，同比增长 199.6%（中国互联网络信息中心，2018）。网络直播的发展离不开顺畅快速的网络环境，网络接入率的提升及网速的优化为网络直播提供了不可或缺的技术条件。

移动互联网让网络直播不受空间因素影响，而流媒体技术的发展又优化了网络直播的用户体验。网络直播技术的关键在于数据的即时传输，流媒体的发明与运用为网络直播边录制边播放提供了可能。不论哪种传播媒介，传播者都极重视与用户之间的互动，而用户在使用传播媒介时也十分注重使用体验，网络直播采用的滚动弹幕的形式，方便了传播者与信息接收者之间的互动。

（四）网络直播的核心特征

根据传播学中的"使用与满足"理论，大众在使用媒介时是有需求的，而选择媒介的标准在于媒介是否能满足自己的使用需求。网络直播自身具有的传播特点，让其能够满足人们对多元文化和参与式文化的体验需求，这是其发展壮大的心理基础。下面分析网络直播与受众需求之间关系紧密的几个特点，包括网络直播的即时性、全民参与性、场景丰富性、场景互动性特点。其中，场景互动性和即时性可以说是网络直播区别于其他网络传播媒介（如短视频）的核心特征。

1. 网络直播的全民参与性

网络直播尤其在进入移动直播时代之后，在参与者上体现出了全民化的特点，传播主体呈现多元化特点。与传统的电视直播相比，网络直播的全民参与性特点尤为突出。在传统的电视直播领域，能够参与直播现场的人员，往往是专业媒体从业者或是具有一定知名度的人士，如节目主持人、明星、名人、记者等群体。这些出现于直播之中的专业人员虽然也可以展示自己，但是总体上还是要服务于节目效果，而不是单纯展示自己的能力和才艺。传统电视直播具有较强的专业素养门槛，普通人要想进入这一领域，需要具备专业的媒体从业能力，或者要拥有符合直播节目需要的特定才能。否则，想要通过电视直播展现自己无疑具有一定难度。

网络直播则为普通人提供了一个自我展示的传播渠道。网络直播的准入门槛较低，人们只要有一台智能设备，把它连接互联网，然后选择一个直播平台，就可以进行直播。而对于网络直播的参与人员，无论是主播还是用户，无论是信息传播者还是信息接收者，几乎都没有身份（未成年人除外）或能力的限制。不管是普通民众还是名人明星，不管形象气质如何，不管学历高低，不管经济收入如何，不管是否具有某一方面的专业技能，只要人们想要让自己出现在直播镜头中，就能借助各种 PC 端或移动端的网络直播平台，达到向观众展示自己的目的。即使只是观看直播，也能通过弹幕、打赏等互动形式参与直播过程，成为直播内容的一部分。

目前，作为网络直播的主要内容生产者，网络主播呈现专业与非专业并存状态。从媒体从业专业性角度来看，一方面，既有传统媒体的播音主持人，如专业体育解说员、广播电台播音员进行直播；也有播音、表演、声乐等专业院校的师生加入主播行列。另一方面，网络直播的火热催生了互联网经纪公司，各大直播平台的一定数量的签约主播构成了一个个组织，称为公会，又称为家族。从属于各大互联网经纪公司的主播一般都会经过专门的才艺培训，从而具备一定的专业能力。在非专业方面，整体上，网络直播的参与者主体还是普通公众，他们当中，有人具备一定才艺，希望将其展示出来得到欣赏，有人是某方面的"达人"，如专业的游戏玩家、健身教练等；有人是想展示自己的个性和品味，有人想分享自己的知识、获得肯定；有人只是为了聊天交友而开直播，有人为了尝试新鲜事物而接触直播，还有人是为了增加收入而直播。在这个全民直播的时代，白领、工人、学生、农民、无业人员等大量普通用户加入了直播领域。这种全民参与的特性正符合 Web 2.0 时代参与文化浪潮的需求，对此后文有详述。

2. 网络直播的场景丰富性

网络直播是一种新型的传播与交流方式，而媒介不仅仅是一种渠道，也是一种场景环境。网络直播从传统电视直播到 PC 端直播再到手机移动直播，实际上是由大众传播到分众传播再到沉浸传播的过渡与演化（向永心，2017）。人类的传播活动经历了口语传播时代、文字传播时代、印刷传播时代进入到现在的数字电子传播时代，电子媒介不仅突破了传播在空间和速度上的限制，而且随着互联网发展，新媒介的出现，实现了互联网仿真场景替代人与人之间的空间场景距离。

网络直播的参与者没有数量上的限制，传播主体的多元化和全民化让人人皆可成为信息源，从而使信息内容被最大限度地生产出来，借助分散于各个地方的智能设备，通过网络连接就可将所在场景直播出来。社会生活中的场景无穷无尽、五花八门，各种场景中的活动和事件各具特色，这就形成了海量的直播素材。只要将不同的场景、不同的内容接入网络直播中，观看世界任一地点正在发生的活动或事件就变得轻而易举（阴法锐，2017）。网络直播真实再现了现场的画面，将受众注意力从真实的场景环境中转移到了未知的虚拟场景中，满足受众的信息场景需要。

各个直播平台往往包括不同的版块，对应的场景和内容都不相同。例如，游戏直播版块，可能包含王者荣耀、英雄联盟、炉石传说、穿越火线、魔兽世界、皇室战争等不同的直播内容，既有电脑游戏也有手机游戏，既有发生在私人场所的直播，也包含公共场合的赛事活动直播。娱乐版块可能包括唱歌、跳舞、乐器、脱口秀等才艺展示，或者是秀场模式的美女表演等内容，直播场景多种多样。垂直版块呈现的是深度聚焦且满足特定群体需求的垂直内容，场景更加丰富多彩，旅游、户外运动、体育赛事、美妆、健身、服饰穿搭、料理、摄影、手办、角色扮演等内容层出不穷。

传播主体的多元化和全民参与性还使得用户生产的内容（UGC）占相当大的比重。从直播内容的角度上来看，除了体育类直播和培训教育类直播基本上由专业机构生产（PGC），其余的直播内容大多由海量的网络用户生产。在专业机构和普通用户强大的生产能力的基础上，直播的内容形式和场景空前丰富。只要你想直播，对于任何场景和内容，只要符合法律法规都可以展现在别人眼前，社会场景有多丰富，直播场景和内容就有多丰富。丰富的场景选择让不同的用户都能得到相应的沉浸式体验，产生心理共鸣。

3. 网络直播的场景互动性

互动性是新媒体与传统媒体最明显的区别之一。网络直播作为新媒体时代的一种重要传播方式，互动是其鲜明的特征。网络直播特色的互动方式就是场景互动。场景互动不仅聚合了其他网络新媒介的互动方式，而且通过场景的仿像或拟像，使用户进入一个全新的环境，身处不同空间的人群会聚到同一场景，在场景主播营造的氛围中相互交流（向永心，2017）。这类互动环境没有现实场景中阶层和背景之分，大家平等交流沟通，从空间和心理上拉近不同场景受众的距离。在网络直播所营造的混合场景下，即使相隔千里的用户也可以在形式上像面对面一样进行交流互动，也能够运用直播所赋予的信息表达方式来沟通情感。例如，可以点赞，发送文字、图片、符号表情包等，弹幕形式的运用使得互动变得更加有趣，赠送虚拟礼物也是一种互动形式。事实上，在网络直播过程中，除了传播者和场景所呈现的传播内容，互动在很大程度上也是直播内容的一部分。可以这样说，网络直播如果缺少了互动，直播可能就难以进行下去。

网络直播中存在两种互动，主播与观众之间和观众彼此之间的互动。在主播和观众互动过程中，主播会根据观众反馈的信息，了解他们的想法和需要，对直播内容及时作出调整，满足观众的需求。观众之间也会通过弹幕相互交流，针对某一话题展开讨论，很多时候观众之间的互动也会得到主播的响应。这两种互动在网络直播中是相互融合、交叉存在的，都是传播内容的一部分。主播还会和观众一一交流，交流的内容多是日常生活中的话题或是共同的兴趣爱好。一些观众还会使用附近主播功能来选择距离自己比较近的主播进行交流，可以产生一种心理亲近的感觉，从而更好地融入直播场景。此外，直播平台的管理员也会根据直播场景氛围添加一些如鼓掌、喝彩、搞笑动态图等特效营造互动效果。由于很多管理员都是由主播的粉丝义务担任的，基于对主播的认同和对观众的同理心，管理员营造的氛围也有助于吸引更多的观众参与互动。通过这些互动，直播构成了一个用户参与的信息分享和交流平台，观众在这种混合虚拟场景中找到自我的存在感，满足自身社会交往需求，实现混合互动式直播场景塑造。

网络直播的互动性在场景建构过程中的主要表达方式为弹幕、打赏、送礼物等，并且与商业消费联系起来。用户互动体现在语言交流上并用消费形式表现，从而保证了场景互动持续性的基础，也是对直播内容和价值的肯定。这种商业消费刺激也会吸引更多的资本投入和关注，使行业整体上呈现螺旋式上升趋势，互动的形式和场景内容也会越来越多样化和形象化，从形式上完成对真实场景的延伸甚至超越，更能替代人们真实的互动需求，满足人们更深层次的情感体验。总之，人们在直播场景中参与互动，在互动中进行商业消费，在消费中满足自身的需要，促进场景环境的优化混合。

网络直播的互动性是其区别于其他网络媒介的核心特征之一，例如，近两年火爆的短视频也是参与式文化背景下的代表媒介，具有全民参与性和场景丰富性，并且传播性强于网络直播。但是，网络直播的互动性是其优于短视频的特点，更容易满足用户的情感和社会交往需求。

4. 网络直播的即时性

网络直播的场景互动呈现即时性的特点。一个基本的传播过程由传播者（信源）、受众（信息接收者）、信息、媒介和反馈等几个要素构成。在互联网产生之前及 Web 1.0 时代，传播过程往往是传播者将信息单向传递给受传者，但是受传者无法利用相同的渠道反馈信息。一些传统媒介可能会通过"读者来信""观众热线"等方式在信息传播出去之后得到受众的反馈，但是这种反馈是滞后的、不全面的，缺乏实时的交互，实际效果也甚微。而网络传播则提供一种双向传输的信息媒介，为传播双方提供了一个双向交流平台。受传者不再被动地接受传播者生产的文化产品，而是可以根据自己的需要进行主动选择，甚至参与文化产品的创造和传播过程。网络传播从根本上改变了普通受众在传播中的地位，受众不仅是信息的接收者，同时也是信息的传播者。由此，受众不再作为一个群体的概念而存在，而变成一个个有需求的独特个体。

网络直播正是这样一种提供实时双向交流的网络媒介，并且受众对内容的反馈和内容的生产几乎同时进行。随着移动 3G、4G 甚至是 5G 时代到来，网络接入的便捷性和智能手机的普及，使网民不仅可以从电视和电脑上随时获取直播信息，而且还可以从手机移动端获取直播信息，甚至自己成为主播，开启个人直播时代。网民在线时长不断增加，在线直播的人数和时间也随之增长。人们在观看或参与网络直播的时候即时在线，分享自己所经历的新鲜事，参与现场的娱乐活动，同时和主播、其他观看者进行多种方式互动，拉近心理距离，从而产生一种临场感和真实感。网络直播的职业化和便利性使主播能随时陪伴网民，并营造一个虚拟现实的网络场景，为网民增加了更丰富的场景体验，弥补现实场景体验的空缺。

在这种互动场景中，图像和行为信息延迟较短，互动传播过程基本没有经过把关和筛选，原汁原味的场景信息被网民接收，保证了信息和行为的真实性，也提高了受众的参与积极性。网络直播互动的即时性一方面增强了受众在传播过程中的话语权，创造了内容制作者和内容接收者之间相对较为平等的关系；另一方面，也增强了场景的真实性，为受众带来一种情景真实体验感，这也是它区别于其他网络传播媒介的另一个重要特征。还是以短视频为例，短视频的内容可精心策划、反复录制、上传亦有审核延时，即时性的不足在一定程度上降低了受众场景真实性的体验，这正是网络直播即时性的优势所在。不过，如前所述，同为内容产业且具有参与性和场景丰富性的短视频，在传播性和内容价值沉淀上又比网络直播有优势，未来两者的并存和融合也是一个发展趋势。

三、中国网络直播的发展趋势

（一）垂直化发展趋势："直播 +"和"+ 直播"

随着直播产业链的日益完善，直播行业越来越趋向于生态化发展，从内容、平台、渠道到服务支持，各方都在积极探索其商业价值。各直播平台致力于向产业链各个方面进行渗透，以期获取更多资源为其商业化路径探索提供支持。泛娱乐直播平台探索的商业化路径主要包括直播产品功能创新、用户等级运营、布局网红产业、直播广告营销、直播衍生商业等（艾瑞咨询，2018）。此外，以直播平台为媒介的"直播 +"向纵深发展也是各平台的重要发展战略，为直播平台及相关行业带来双赢效果，有研究者称"直播 +"时代为直播 3.5 时代。"直播 +"是加专业、优质的内容，随着直播技术应用的深入，"直播 +"逐渐变成一种基础性的功能或服务的趋势，会有越来越多的专业内容纳入直播当中，各种垂直的行业领域、各种专业的领域，都可能与直播结合，带来专业的内容，可以与用户进行社交互动，带来一种新型的社交，甚至是企业法人与消费者个人（自然人）的社交。

目前，"直播 +"已经在电商、教育、财经等领域有广泛的应用，在"直播 + 政务""直播 + 医疗""直播 + 公益"等领域的应用产生了良好的社会影响。基于场景来升级垂直领域是未来发展的趋势，这也成为各直播平台的共识。2018 年中国"直播 +"版图如图 1-1 所示。

来源：艾瑞咨询 2018 年发布的《中国泛娱乐直播营销趋势解读》

图 1-1　2018 年中国"直播+"版图

　　网络直播的另一种发展形式就是将"直播+"转为"+直播"，这一转向的核心在于直播自身的"去中心化"，即分散并降低媒介的主体性。这意味着将直播嵌入各种应用场景，如新闻、电视等传统媒体行业或教育场景，或者与短视频整合。例如，快手、抖音、火山等短视频都开通了直播服务，受到了欢迎，也在最大程度上接续了直播交互性和直接变现能力强的优势。

（二）新的营利模式：网络直播营销

　　网络直播平台在"打赏"以外，开始尝试新的营利模式，网络直播营销正是其中的一种。网络直播营销是指采用视频直播形式，在 PC 端及移动端上，为企业商家达到品牌推广或产品销售的目的所进行的营销。根据艾瑞咨询公司连续监测产品 mUserTracker 和 iUserTracker 数据显示，经过 2016 年和 2017 年上半年大规模的行业发展和用户激增之后，2017 年下半年和 2018 年直播行业整体发展情况趋于稳定（见图 1-2

和图 1-3），竞争格局已经基本成型，用户经过沉淀后流量增长趋势放缓（艾瑞咨询，2018）。从整体来看，直播行业正在从 PC 端向移动端发展，规模仍在保持扩大趋势。但用户流量提升空间有限。本课题组在对直播平台和主播进行的访谈过程中，平台负责人和主播都一致感受到用户/受众人口红利逐渐消失，用户规模和粉丝数量都趋于稳定，全民直播的风潮也渐渐消退，行业进入了成熟期。

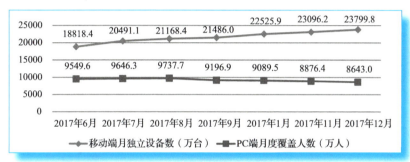

来源：艾瑞咨询发布的《2018 年中国网络直播营销市场研究报告》
图 1-2　2017 年 6—12 月中国直播用户月度活跃规模变化

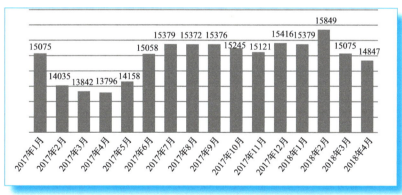

来源：艾瑞咨询 2018 年发布的《中国泛娱乐直播营销趋势解读》
图 1-3　2017 年 1 月—2018 年 4 月中国移动直播用户规模变化

在这种背景下，各个平台开始逐渐重视来自 B 端——企业用户的收入，关注如何利用直播的优势和特点来帮助广告主进行产品和品牌的营销，从而实现最大限度的流量变现，也能借此将品牌与直播平台的形象一同进行提升，拓宽企业资源，实现产业链升级。根据艾瑞咨询对用户调研的结果，直播用户对于直播过程中的营销行为普遍持有正面的态度，对这种新生的广告形式表示接受。本课题组所访谈的主播们也表示，仅凭才艺直播的发展道路很窄，未来计划与电商、商品相结合，拓宽自己的事业。而对于广告主来说，直播营销的优势在于实时互动，能够以相对较低的成本换取在集中流量下多次曝光的机会，因此，越来越多的广告主开始关注直播营销。可以说，从平台、用户、主播个人到广告主对直播营销都持有积极态度。相关预测数据显示，中国网络直播营销的市场规模在未来将持续扩大。

来源：艾瑞咨询《2018 年中国网络直播营销市场研究报告》
图 1-4　2015—2019 年中国直播营销市场规模及收入占比

（三）优势互补，直播平台与短视频的融合

如前所述，网络直播核心特征表明，网络直播和短视频都是内容产业，是承载参与式文化的网络媒介，帮助人们打发碎片化时间。网络直播和短视频都具有全民参与和场景丰富的特点。相比较而言，短视频的参与更为容易，无须准备长时间的直播内容，对个人的表达能力、社交能力、才华和情商的要求都相对更低。而且，在传播性、趣味性

和内容价值沉淀方面,相对网络直播而言,短视频具有一定优势。因此,短视频发展势头迅猛,获得资本青睐。根据中国互联网络信息中心(CNNIC)最新的第 42 次《中国互联网发展状况统计报告》,截至 2018 年 6 月,综合各个热门短视频应用的用户规模达 5.94 亿人,占整体网民规模的 74.1%。该报告认为,短视频应用分流了部分网络直播用户。

但是,如前所述,网络直播的互动性和即时性强于短视频,可以满足用户的社交需要、陪伴需要、认同和归属感的需要,用户更容易沉浸于场景之中。这种体验是短视频较难实现的,也是网络直播的核心价值所在。从长远看,网络直播和短视频两者并存乃至融合将成为一个发展趋势,这一趋势已经在实践中体现出来了。一方面,直播平台开始融入短视频的内容,如映客、陌陌、YY、NOW 直播、斗鱼、花椒都纷纷开启了短视频功能,花椒还在 2017 年 9 月宣布扶持短视频创作者及优质内容。另一方面,短视频平台开始在直播领域布局,如快手、抖音、火山都开始尝试"+直播",开通了直播服务。未来的主要议题可能是如何充分发挥网络直播和短视频各自的优势,实现有效的融合,促进行业持续发展。

四、中国网络直播发展存在的问题

(一)摆脱网络直播"低俗化"的污名标签有难度

如前所述,在网络直播发展初期,行业规范尚未形成,不少主播通过打色情擦边球的方式来吸引用户关注。例如,不少主播故意穿着暴露,故意"走光",或者故意使用带有"性暗示"的词语。网络直播行业的负面新闻频频曝出,导致公众将直播与低俗和色情等同起来。根据污名理论的研究,这种"低俗化"的污名标签如同烙印一样,一旦被贴上，想要摘除并不容易。近几年来，政府对直播的监管和整治力度逐年增加，政府整治和直播平台自查自纠相结合，关闭了违规平台和直播间，封停违规账号，封禁违法违规的主播；建立"黑名单"机制，禁止违规主播重新注册账号。与此同时，各大直播平台建立了自律管理机制，制定了严格的规章制度以规范直播的内容、主播和用户的行为，并投入技术和人员实时审核直播内容，及时处置违规情况。总体上，网络直播行业日趋规范化，但一些公众还是戴着有色眼镜看待这一行业，这与刻板印象改变的相关因素有关。

第一，早期的低俗化印象根深蒂固。人们往往通过刻板印象对事物形成判断以减少自己的社会认知负荷。行业发展初期的乱象让公众已经对网络直播形成了负面的刻板印象，因此，人们倾向于用原有印象去评估现今的直播行业，甚至从业人员自己也会对行业持有负面印象。在调研过程中，有主播表示，自己刚从事这一工作时，不愿意告诉周围的人，担心被贴上标签，直到工作一段时间之后，才坦然接受自己的职业，不再羞于向家人和好友表明身份。

第二，个别违规现象的信息加剧了污名化的刻板印象。虽然网络直播行业整体规范化，但是还存在个别违法违规的主播和平台，尤其是一些不正规的小直播平台还在进行低俗化的直播。此外，由于海量直播实时在线，即时监管也有可能存在漏洞，违规现象还是可能出现的。而这些违规现象又具有吸引眼球的效果，媒体往往对这类新闻报道关注较多，加深了公众的负面印象。

第三，正面信息到达公众的路径较少，抑制公众的接触意愿。改变刻板印象认知的重要途径是通过接触或提供与刻板认知相反的信息让人们权衡判断。但是，一方面，因为前述个别行业乱象的存在，媒体对网络直播的负面新闻报道较多，无论是个别小平台的违规行为还是主播个人行为，在报道标题中往往强调"直播"字眼，指向了整个网络直播行业，加深了公众对网络直播的负面印象。负面标签的存在让部分公众抵触网络直播，无法通过接触去获得新的信息。另一方面，媒体舆论较少偏向减少直播污名化。网络直播所具有的社会价值，如很多直播平台的一些公益性尝试（如直播＋公益、直播＋扶贫、直播＋非遗文化等模式）较少受到媒体关注，公众获取与之前负面的刻板印象相反信息的机会较少。对于行业发展来说，媒体舆论的监督是必要的，但双向、全面的信息传递也应当引起重视，这才能让公众对行业有更全面的理解，相对客观地形成自己的判断。

（二）同质化竞争激烈，缺少创新

内容同质化可以说是当前多数网络直播平台所面临的一个问题，由此产生的竞争也比较激烈。直播从内容上大体可以划分为传统秀场直播、游戏直播和泛娱乐直播，其中，泛娱乐直播又包括泛娱乐生活化直播和垂直领域直播。在这几类直播中，秀场直播的内容同质化问题最为严重，"颜值＋才艺"的内容输出相对单调，保持用户黏度比较困难。在一项调查中，超过四成用户表示，当主播无法提供内容不断更迭的直播时，他们就会停止关注该主播。

直播平台的社交功能让主播和粉丝可以进行线上和线下的交流，同时可以增进双方情感，形成相对稳定的粉丝群体。但是，平台之间的内容同质化，使得用户对平台的黏度普遍较低，很多用户选择平台仅仅是因为主播的关系。因此，主播的粉丝群体会追随主播而切换直播平台。这就使得少部分具有竞争力的主播掌握了绝大部分流量资源而成为头部主播，成为各大平台争相抢夺的资源，身价也水涨船高，平台若想获取流量，则需要更多的成本。同时，虽然不同平台的主播可能拥有不同的个人风格，但是当人们的注意力都聚焦在头部主播的时候，音乐、游戏等热门话题又使得内容同质化的问题再次显现。在平台、主播、观众的对播中，"同质化"成为一个周而复始的负反馈循环，相比主播和观众的相对自由，平台却深陷泥淖，难以挣脱。

（三）"直播＋"的升级存在难度

如前所述，以直播平台为媒介的"直播＋"纵深发展是各平台的重要发展战略，预期为直播平台及相关行业带来双赢效果。本课题组在调研过程中发现，各平台目前在衣、食、行、购物、旅游等领域都开展了各种"直播＋"的尝试，在一定程度上丰富了直播内容，更重要的是可以充分发挥直播的工具属性，借助直播推动相关行业的发展。但这些"直播＋"的实践大多没有实现预期的宣传效果，营收比也较低。除此之外，一些平台尝试打通线上线下直播场景，让主播有机会能够从线上直播间走到线下大舞台，从而扩大网红影响力、形成网红明星资源，但这一类实践中成功的案例也比较少。为什么直播走向垂直领域或走向线下都较难取得预期的效果？本书认为这与网络直播所营造的特有的用户体验和技术限制有关。

网络直播在中国火热的原因之一是其自身所具有的全民参与性、场景丰富性、场景互动性和即时性，正是这些特性，在传播媒介盈余和娱乐多元化的时代，满足了人们参与和沉浸的体验。UGC 的内容生产模式让全民都能参与网络直播；网络直播不仅真实再现了现场的画面，而且提供了丰富的场景选择，让不同的用户都能得到相应的沉浸在场的体验；即时互动性一方面为受众带来了情境真实的体验感，另一方面满足受众的情感体验和社交需要。但无论是"直播＋"在购物、旅游等领域的尝试，或是"直播＋"在选秀等领域的线下尝试，在构建场景的过程中，在场景沉浸和内容参与方面的体验还存在一定的短板，让受众很难融入其中。本章第五部分会具体分析体验经济的特点，依据两个维度把体验划分为娱乐性、逃避性、教育性和审美性体验。以"直播＋旅游"模式为例，理想状态是让受众产生审美性体验，即身临其境的体验。而实现这一点就需要受众沉浸于主播营造的旅游场景之中，但凭借手机屏幕实现身临其境之感有很大的局限性。若有技术能让受众在观看直播的同时，以360°全景式沉浸于旅游场景之中，则会取得更好的直播效果。若要实现这一点，则需要更多的技术支持，如 VR 技术。但是，VR 直播对技术团队的考验很大，存在技术限制，而且观众体验的硬件设施也不一样，最终能否实现完全的身临其境之感还有待技术难关的攻克。基于上述沉浸式体验不足和技术发展未达要求的情况，"直播＋"升级的过程面临考验。如何找到契合的场景，如何营造范围浸入式的用户体验，如何调动用户的参与性，都是未来网络直播行业优化和升级需要解决的难题。

五、作为社会媒介的网络直播与参与式文化体验

（一）Web 2.0 浪潮下的参与式文化与网络直播

1982 年，《时代》（*TIME*）杂志将个人计算机评为"年度机器"（Machine of the Year），辅以大标题"计算机来了"。在那一期的杂志封面上，一个人孤单地坐在计算机前面（见图 1-5）。他要用计算机做什么，这一机器又将给他带来什么都是不明确的事。到了 2006 年，计算机重新登上了《时代》杂志的封面，计算机显示器的镜面映衬出"年度风云人物"——"你"："是的，你。你控制着信息时代"。这里的"你"是每一个改变信息时代的消费者和创意者，是广大的网民。在《时代》杂志眼中，计算机使用者由 1982 年的"孤立的使用者"变成了 2006 年的"信息时代的主导者"。《时代》杂志其中一篇文章写道："这是一个关于前所未有的大规模社群

（community）和协作（collaboration）的故事……不仅改变了世界，也改变了世界变迁的方式。"（*Time*, 2006）。

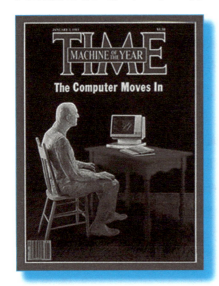

图 1-5 《时代》（*TIME*）杂志封面

《时代》杂志将年度人物定为"你"，表达了对于无数互联网内容使用者和创造者的敬意，是对个体在互联网内容生产上重要地位和作用的认可，以及对每一个"你"作为信息时代主人地位的肯定。参与性作为新科技的核心特征进入了流行话语。如前所述，随着互联网和新媒体技术的发展，传播媒介发生了巨大的改变。不同于传统的单向传播方式，新媒体创造了崭新的、互动的媒介景观。尤其是伴随着基于 Web 2.0 技术的网络社区、博客、播客、社交网站、直播、视频分享网站等的发展，人们进入了一个具有多样化参与传播和互动方式的新媒介时代。新的媒介景观形塑着人们生活的方方面面，包括人们如何开展创造活动、如何与他人互动、如何学习、如何参与社会、如何进行消费，等等。人们可以在博客、微博上写感受、评论事件，可以在网站上写书评、写影评、写食评，可以录播身边发生的新闻事件……新的技术手段使内容制作从专业媒体机构转向了普通人。一方面，媒介信息内容生产与消费两端的对立逐渐消失；传统意义上被动的信息接收者和媒介消费者，都有机会在传播过程中变成主动的信息分享者与传播者；另一方面，由上而下的发布方式也转向了由下而上的公开分享。新的传播技术不仅在新闻传播领域开启了变革，同时在社会、政治、经济、文化等领域带来了新的整合潜力。一种以分享、参与、串联与自我呈现为特色的媒介文化正在显现（岳改玲，2010）。网络直播所体现的正是这样一种文化。

1. Web 2.0 浪潮与参与式文化兴起

Web 2.0 是相对于 Web 1.0（2003 年以前的互联网模式）而言的，Web 1.0 的主要特点在于用户通过浏览器获取信息，用户只是浏览者。Web 2.0 技术强调"参与、对话、分享"，形成一种新的互联网方式，通过网络应用（Web Application）促进网络上人与人之间的信息交换和协同合作。互联网成为新的平台，内容通过每位用户的参与而产生。所产生的个人化内容借由人与人（P2P）的分享，形成了一个可读可写、共同建设的互联网。这种对用户参与的强调，赋予了互联网社会性特征，吸引了更多人使用互联网，在网上自我书写、自我发布，每个人都可以不再被动接收信息，而是参与文化现象的创造、传播和分享。而 Web2.0 平台鼓励受众参与产生的并不仅限于内容本身，还在于通过 Web 2.0 平台所串联出来的社会网络及受众个人的"自我呈现"。Web 2.0 平台对于人与人之间沟通、交往、参与和互动需求的满足和强调，使得互联网进入注重个体参与和集众人之力形塑集体力量与集体智慧的阶段。

参与式文化正是一种基于 Web 2.0 等新媒介平台发展起来的新型媒介文化，是以 Web 2.0 为平台，以全体网民为主体，以积极主动地创作媒介文本、传播媒介内容、加强网络交往为主要形式创造出来的一种自由、平等、公开、包容、共享的新型媒介文化样式（岳改玲，2013）。

作为一种新型的媒介文化，参与式文化的意义不仅仅在于受众参与内容创造并发表和分享自己的作品，同时，受众在媒介生产链中的地位从单一的消费者身份变成媒介活动的生产者、传播者和消费者。

2. 网络直播是参与式传播和场景传播

参与式文化萌生于 Web 2.0 所带来的媒介变革潮流，在这一文化背景下，参与式传播和场景传播带来了社会媒介的新景观。一方面，由于信息技术日新月异，在互联网中，信息传播者从机构扩展至个人。另一方面，人们的娱乐需求日益提高，传播资源日益丰富，个人选择空间增加，传媒市场从卖方市场成为买方市场（喻国明，2018）。以往人们使用媒介的方式相对有限，无外乎看电视、听广播、读报纸。媒介消费的习惯也大体相同：人们开 / 关收音机和电视机时能猜想别人正在和他们做同样的事情，使用相同的媒介。但是这样的景观在今日已鲜有重现，人们的媒介使用方式逐渐变得五花八门。互联网的快速传输、超文本内容让传播的场景呈现诸多可能性，互联网用"连接一切"的方式重构了社会、市场和传播形态。在这样的时代背景下，能够吸引公众的传播范式，一方面要迎合参与式文化，另一方面要契合场景，也要具备参与、沉浸和反馈的特征，网络直播正符合这样的特点。

第一，当今社会传播资源极大丰富，甚至是盈余，吸引公众的传播首先是让公众愿意参与其中的传播。随着移动互联网和移动设备的发展，人们对使用媒介越来越具有控制感，可以自行决定什么时间、什么地点使用什么媒介，而影响人们选择媒介的因素至少有以下 3 个方面：首先，媒介要提供有趣的内容。在纷繁的传播资源面前，人们使用媒介不再单纯是为了获取资讯或保存信息，享受生活的乐趣成为人们对媒介做出选择时重要的参考依据。喻国明（2018）曾提到，全球媒介的议程向娱乐的迁移或许是日常媒介使用正在发生的最大变革，娱乐正在形塑从互联网生活到政治生活的一切领域。正因为如此，才可以看到各种趣缘垂直社区的兴起：从旅游、下厨、摄影到收集手办、玩 Cosplay（动漫人物扮演）、养宠物，只要能够吸引一部分人群的兴趣，哪怕是小众的主题，只要符合一些人的兴趣，就都能形成规模可观的社群（喻国明，2018）。网络直播的泛娱乐性正满足了受众多样的娱乐需要。其次，参与方式要简单轻松。整体上，传播呈现操作日益便捷、门槛日益降低、人人都可参与的特征。网络直播在这方面体现得尤为充分，无论文化水平和经济条件如何，只需简单操作就可以进行直播和观看直播。简明的操作方式让其更容易形成有效传播，降低了网络参与的门槛。最后，传播要能充分调动受众情感。在网络直播过程中，很多主播吸引受众的一个关键原因就在于能够满足受众的情感需要，或是给予愉悦、放松的情感体验，或是引发情感共鸣，或是给予情感安慰。上述这些因素让网络直播成功吸引大批受众投身其中，形成参与式的传播。

第二，吸引人的传播还要能够让人沉浸其中，产生丰富的体验。网络直播正具有这种沉浸式传播的特点。首先，如前所述，网络直播为用户创造了丰富的场景。每场直播一般都有一定或松散或紧凑的主题，有的人跟观众闲聊，有的人直播化妆，有的人直播逛街，有的人直播路上骑行，有的人直播弹琴，有的人直播户外跳舞，有的人直播乡村日常生活。一场直播让观众像拉开任意门一样，进入不同于自己的现实生活的场景之中（喻国明，2018）。其次，直播为观众提供较强的情感替代和关系替代。很多主播会为直播设定某一挑战任务，邀请观众共同见证。例如，美妆博主连续用 300 支口红试色，游戏玩家挑战直播"吃鸡"。比起主播是否挑战成功，观众在直播过程中更看重的是其中的乐趣，是与主播的社交互动，是置身其中、共同经历的沉浸式体验。

第三，有效的传播还要能够生成反馈。网络直播有多种形式形成反馈。主播和观众实时互动过程中，观众可以通过弹幕、打赏等方式对主播传播的内容给予反馈，主播会根据这些反馈相应调整内容，对观众作出反馈。有的直播平台开展了一些直播有奖竞猜活动，将趣味挑战和有奖竞猜结合，让观众竞猜主播能否完成一些趣味挑战。这种互动游戏让观众不再只是旁观者，人人都有机会参与竞猜并获得反馈。这些反馈机制在塑造平台的有效传播中也起到了重要作用。

（二）网络直播是新的社会媒介景观

1. 网络直播的社会媒介特征

社会媒介（Social Media）有别于传统媒介（如电视、广播、报纸等），产生于 Web 2.0 时代，指用户可以参与信息传播与互动的在线媒介，是参与式媒介的一种。我们可以将它理解为参与式文化发生的重要平台和载体。受众正是通过博客、播客、音频、视频分享网站等产品创新，充分地享受 Web 2.0 带来的乐趣。社会媒介日益成为人们自我表达和分享、评价、讨论及互相沟通的全球场域。网络直播正是这样一种社会媒介，符合社会媒介的基本特征。

第一，社会媒介最显著的特点是为每个使用者提供内容创造与传播的方式和手段。随着互联网和信息技术的发展，内容创造的门槛逐步降低，人们创造属于自己的图片、文字、视频和音频等内容变得越来越容易。如前所述，随着移动直播的出现，用户只要注册账号就能随时随地进行直播，轻松展示自己想要呈现的内容。

第二，社会媒介具有较强的参与性，可以激发感兴趣的人主动地创作和反馈。社会媒介的设计基本都是为了"吸引"人投身其中而不是"强制"加入。吸引的设计理念是让用户自主选择他们想要的内容和关系，而不是强制性地推送给他们一些与自己毫不相关的内容（岳改玲，2010）。在社会媒介中，使用者可以作为参与者控制自己和他人的沟通和交流，在技术结构方面，多对多的传播方式，让每一个连接到平台的人，既可以向别人播报文本、图像、视频、音频、软件、数据、计算、标签或链接，又能从别人处接收这些信息。网络直播提供给用户场景丰富的直播内容，用户可以自由观看感兴趣的直播并随时退出。在网络直播的过程中，用户在观看时还可以跟主播互动，主播会根据用户的反馈，调整直播内容，进一步提升一般用户的参与感。

第三，社会媒介有社区化的特点。在社会媒介中，人们可以快速形成一个社群，以共同感兴趣的内容为话题，进行交流，最终形成有机的网络。网络直播中用户依据感兴趣的直播内容聚集在一起，相互交流，或者依据对主播的喜好而加入粉丝群，形成趣缘社群。

第四，社会媒介是较为平等的双向传播。在传统媒介所对应的信息传播模式下，信息由媒介向受众单向流动。社会媒介则具有双向传播的特点，由下而上，形成人人创作和分享的开放系统。这种传播模式相对平等，无论是精英还是草根，都有参与机会，即使是处于社会网络中最底层或最边缘的人，也和其他社会媒介使用者一样，拥有同等的机会陈述自己的意见、表达自己的心声。这种表达形式颠覆了现存的人际关系、权力结构及传播游戏规则（岳改玲，2010）。网络直播正是从草根文化发展而来的，让社会身份地位不同的人都能通过直播平台展示自己、表达自己。

2. 网络直播塑造社会媒介新景观：场景混合化

基于上述特征，网络直播作为一种社会媒介，表现出了一种媒介新景观，一种打破了传统场景建构模式的场景混合化。场景主义视角源于戈夫曼（Goffman）的拟剧理论，他认为，每个人都是社会舞台上的演员，扮演着不同的角色，在社会互动中表演自己，让"观众"相信自己是某种形象，哪怕自己本来并非如此（戈夫曼，2008）。按照戏剧舞台的划分方式，戈夫曼将社会互动的情景也分为了"前台"和"后台"，

"前台"（frontstage）就是社会舞台之上，是公共情境，在特定的社会互动情境之中，人们按照社会的预期来表演，通过印象管理策略塑造自己的形象。前台也就是我们向别人呈现自己的地方。"后台"（backstage）就是观众看不到的地方，是私人情境，不允许观众进入，是人们展示真实自我、放下印象管理、放松身心的地方。梅罗维茨在此基础上提出了媒介情境论的观点，认为电子媒介让私人情境和公共情境的界限模糊起来，出现了新的场景，可称之为"中区"，在新的社会场景中，会出现新的适应场景的行为。那么，根据媒介情境论的观点，网络直播作为一种社会媒介，打破了前台和后台的界限，区别于传统的场景建构模式，具有缩短场景距离、共享场景信息、实现场景交往行为"无地域"的特点，表现为一种社会交往互动场景的距离、信息、行为的混合化（向永心，2017）。

场景距离是指建构场景时，人与人之间的物理场景距离和心理场景距离。现代的电子媒介让受众即使身处不同空间，依然可以通过媒介实现场景信息交流。网络直播就很好地实现了这一点，让处于不同空间的人在同一时间聚到一个场景之中。由于同处虚拟场景之中，人们的物理距离缩短了。在这一场景之中，主播以表演或聊天或展示日常生活等方式营造出一种场景氛围，让人们沉浸其中，人们通过弹幕、打赏等方式实现与主播和与其他受众的相互交流，心理距离也缩短了。由此，网络直播从空间上和心理上拉近了身处不同现实场景的受众的距离。

信息是场景的主要内容。戈夫曼的场景理论认为不同场景构成不同的信息系统。梅罗维茨认为，媒介是一种信息系统，媒介形式转变就会创造出新的信息系统，这一信息环境与人们所处的物理环境同样重要。电子媒介让前台和后台的信息的界限变得模糊，不同情境合并在一起，场景信息也因此共享（梅罗维茨，2002）。在电视直播时代，人们通过电视同步观看现场直播，可以从不同空间分享同一场景信息，实际上就是将个人所处的现实场景和直播的虚拟场景混合。这时，信息的流动以单向为主，共享的信息局限于电视所呈现的现场。网络直播则通过参与者的互动，将参与者所处的空间场景混合到同一个虚拟环境中，形成一个现实与虚拟相结合的混合场景，场景中既包含主播营造的氛围，也有受众自己提供的场景信息。因此，受众可以在这一场景中共享更多信息，更容易形成共同的情感体验。在直播过程中，直播信息涵盖了日常生活的方方面面，通过直播平台，受众可以与主播互动，还可与其他观众互动，互动的形式多种多样并表达不同的信息需求。身处不同场景的受众所要表达的观点、情感等方面信息，都可以在直播场景中实现互动共享，从而让受众在这种虚拟化直播场景中找到一种集体的认同感和归属感，以填补现实生活中的空虚。

场景交往行为"无地域"，是指场景参与者相互之间的信息互动和面对面交流没有差异。如梅罗维茨所述，电子媒介会将不同场景混合在一起，场景的信息也混合在了一起，形成了混合的场景规范，背景和经历不同的参与者在这一混合场景中遵循新的行为规范而形成互动。网络直播正是营造了这样一种混合场景中的社会交往行为，将来自不同社会阶层、持有不同社会价值观念的参与者会聚到同一个直播场景中，实现场景交往行为的"无地域"。网络直播中的场景交往互动的方式日益多元化，受众在观看网络直播的同时，还可以在多种场景交流形式中进行选择。例如，在游戏直播场景下，受众可以选择全程观看，也可以选择通过弹幕、语音、视频等各种形式实现场景交流互动，从而展现自己的场景行为。一些产品的直播营销活动会邀请职业主播直播试吃、试用或试玩的过程，受众在观看产品使用效果的同时，还可以采用弹幕、打赏、语音等多种场景交往形式。通过场景体验，受众沉浸于商户所塑造的服务环境之中，感受品牌形象，最终品牌的知名度和关注度都获得提高。场景交往行为背后其实是社会关系的建立，社交场景直播建构的是生活关系，营销场景直播塑造的则是商业关系。网络直播所塑造的媒介场景让人们在现实场景与虚拟场景之间的交往行为实现"无地域"，受众在新的混合场景环境之下，逐渐适应自身新的场景角色，在不同的场景角色之中选择不同的场景交往行为。

综合上述分析，以网络直播为代表的社会媒介缩短了场景距离，实现了场景中的信息共享和无地域限制交往，满足了人们的信息需要和情感需要，逐渐成为一种日常生活方式。

六、网络直播与体验经济的契合

体验经济（The Experience Economy）被认为是继产品经济（农业经济）、商品经济（工业经济）、服务经济之后的第四种经济类型。体验经济从生活与情境出发，塑造感官体验及思维认同，以此抓住顾客的注意力，改变消费行为，并为商品找到新的生存价值与空间。体验经济是从服务经济中分离出来的，因为服务经济也在逐步商业化，人们的个性化消费欲望难以得到彻底的满足，于是，人们开始把注意力和金钱的支出方向转移到能够为其提供价值的经济形态，这就是体验经济（约瑟夫·派恩，詹姆斯·吉尔摩，2018）。而制造体验一直是娱乐行业的核心业务，在 Web 2.0 时代，人们可选择的传播方式和娱乐方式多种多样，随着新技术的应用，出现了很多全新的体验形式，如网络游戏、电子游戏、移动式景观、3D 电影等。如前所述，网络直播具有全民参与性、场景丰富性、互动性、即时性等特点，制造了社会媒介的场景混合化景观，兼具参与式和场景沉浸传播的特征。在这些因素的作用下，网络直播为人们提供了一种全新的体验形式。

（一）体验的 4E 理论

约瑟夫·派恩和詹姆斯·吉尔摩的体验经济理论提出了顾客体验的 4 种形式，分别是体验的娱乐性（Entertainment）、教育性（Education）、逃避性（Escapist）和审美性（Esthetic），又称为 4E 理论（约瑟夫·派恩，詹姆斯·吉尔摩，2018）。这 4 种体验形式是围绕两个体验的维度而获得的。如图 1-6 所示，体验的第一种维度（图中横坐标轴）对应的是顾客的参与水平，左端表示被动参与式体验，指顾客无法直接对体验活动产生个人影响，如听音乐会。右端表示主动参与式体验，指顾客可以对体验活动施加个人影响，如滑雪、马拉松赛。体验的第二种维度（图中纵坐标轴）对应的是参与者和背景环境的关联，这种关联可以把顾客和体验活动结合到一起。上端表示吸引式体验，指体验活动远距离吸引顾客的注意力；下端表示浸入式体验，指顾客全身心（也可以是虚拟式的）投入体验活动中并成为其一部分。如果路径是体验"走向"顾客，例如看电视，那么对顾客来说，它们就是吸引式体验；与此相反，如果顾客"走向"体验，例如玩电子游戏，那么获得的就是浸入式体验。再如在电影院里看电影，有观众、大屏幕和立体声音响，这也是浸入式体验，而独自在家看电视上播放的电影就是吸引式体验。

这两种维度的结合产生出 4 种体验形式，即娱乐性、教育性、逃避性和审美性，很多体验是按照这 4 种形式中的某一种来体现的，但很多情况下也会出现跨越体验。商家营造的体验形状越丰富，例如包含所有 4 种形式的体验，就越能够增强顾客的满意度，促进消费。网络直播因其自身特性，使其在这 4 种体验形式上能有所发挥，从而给顾客提供一种全新的消费体验。

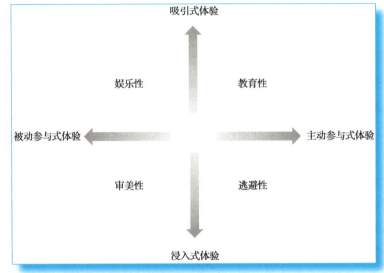

来源：约瑟夫·派恩和詹姆斯·吉尔摩，《体验经济》，2018，p37.

图 1-6　体验的形式

（二）网络直播与 4E 体验

前述两个维度所构成的 4 种体验形式可以通过参与不同的活动而获得。大部分人所获得的娱乐体验是在他们的感官被动吸引式体验活动时产生的，如观赏表演、听音乐会、看书等。网络直播为人们带了一种更加丰富、更加多元化的娱乐体验，场景和内容的丰富，吸引了不同需求的受众。主播的颜值、才艺、个性和接地气的场景，以及有趣的内容都可能吸引受众进入直播间观看，他们无须参加互动，就能获得愉悦的观赏体验。除了基本的娱乐体验，网络直播还可以在这些体验中增加新的感受氛围，即教育性、逃避性和审美性。

在获得教育性体验的过程中顾客进行的也是吸引式的参与，但与娱乐性体验不同的是，教育性体验是个体主动参与、获取信息的过程。戴维斯和波德金认为，商业化教育应当把学生变成主动的表演者。教育活动越来越多地决定于主动学习者，而非教师型管理者。在新的学习场景中，顾客、员工和学生都是学习者，或称之为交互学习者。在这种理念下，出现了"娱学"的概念，这一概念横跨教育性和娱乐性两种形式的体验，也就是我们说的寓教于乐。网络直播的内容覆盖广泛，其中不乏知识的传播，从专业的医学、法律、金融知识到游戏攻略、体育、美妆、服饰穿搭、厨艺等生活知识，吸引了很多人主动观看直播并获取信息，同时参与互动，咨询问题或贡献自己的知识。还有更为直接的"直播＋教育"模式，用户可以在直播课堂上通过实时互动学习课程。专业与非专业知识都汇集在网络直播之中，并且可以实时答疑解惑，这使网络直播在营造教育性体验上具有很大优势。

逃避性体验的浸入程度高于娱乐性和教育性体验，产生逃避性体验的顾客完全沉浸在自己作为主动参与者的世界里。互联网是当之无愧的营造此类体验的重要场所，大部分人在互联网上流连忘返，只是为了享受精彩纷呈的体验。互联网是一种内在的主动参与媒介，能为很多人提供社交体验。人们在网络活动中获得的价值正是源自积极的沟通、交流和人际圈。从电子邮件、聊天室、社交网络到网络直播，社会媒介所能提供的逃避性体验也越来越丰富。对于一些人来说，互联网提供的是脱离现实生活的暂停状态，是对单调无聊和忙碌不停的生活状态的逃避。

对另一些人来说，数字化生活已经成为一种新的现实，能让他们体验另一种生存状态。网络直播为这种主动参与的浸入式体验提供了完美的平台。如前所述，观看一场直播时，每个用户就像拉开任意门一样，进入不同于自己的现实生活或游戏场景之中，主播的引导和与用户的社交互动，让用户置身于场景之中，和主播共同体验；与主播和其他用户进行实时交流，满足了社交需求。在网络直播平台，人们可以找到兴趣相同的人，可以寻找到适合自己的社区。网络直播在营造逃避性体验上具有得天独厚的优势，也是其吸引受众的一个重要原因。对此，在第二章关于网络直播文化的社会心理功能部分还会有所论述。

审美性体验强调的是身临其境而获得直接感觉体验，人们沉浸在事件或活动之中，但并不对其产生影响，而是任由环境自然变化。审美体验的营造主要是通过建立个人和直接体验（虽然是被动的）的（浸入式）现实之间的联系，哪怕周围环境并不是"真实"的，例如在充满绿色景观和园林景观的生态餐厅用餐。网络直播中的一些场景，可以让用户身临其境并产生独特的感受，例如户外骑行的直播，用户跟随主播的摄像头欣赏周边变换的景色，体验骑行的感受。VR 技术的应用更是为审美性体验的营造提供了便利，在本书第七章对此会有所分析。

总之，网络直播可以营造丰富的、范围广泛的用户体验，涵盖娱乐性、教育性、逃避性和审美性 4 种体验形式，让其在体验经济中能够取得成功。

2

第二章

网络直播文化与
体验经济

一、网络直播文化的基本特征

对直播文化特征的考察，主要从以下三个方面进行分析：作为新媒体的网络直播；从直播丛到网络直播；从网络直播到社会互动。

首先，将网络直播的兴起视为一种新媒体或媒介的出现，在文化经济的背景下探讨这种新媒体对传统媒介带来的冲击和挑战。对直播及其文化的考察，不能限于讨论互联网发展和技术变革带来的后果。在技术维度之外，需要在文化和社会背景中理解这种新媒体。

其次，在网络直播出现之前，还存在许多直播和现场表演的形式。对网络直播的讨论，不仅是传播学和社会学的问题，也是表演学研究的领域。本小节讨论在跨学科视角下，对网络直播的学术理解。受行动者网络理论的影响，需要避免技术决定论的观点或对网络直播单一维度的理解，在理论层面将直播理解为"直播丛"的概念。在网络直播中，技术文化力量、经济力量和法律力量一起形塑了网络直播的受众参与空间。在网络直播文化的构成中，上述三种力量发挥了重要的作用。

最后，今天的网络直播虽然以视频为主要呈现形式，但是这种即时视频与互联网的视频点播存在差异。这种差异不仅是技术上的，而且在网络社交和社会互动的属性上也存在巨大的差别。一方面，在网络直播受众数量较大的秀场直播和游戏直播领域，形式多样的社会互动和社交功能为其快速发展提供了流量和受众基础。另一方面，直播的内容和形式也在一定程度上反映了受众的心理和社会需求。这种社交属性和受众的在场，需要我们将网络直播理解为一种多方力量共同参与的文化空间，因为互联网的开放性，使它既具有文化多元的属性，又需要在社会系统中接受法律和社会规范的制约。

（一）作为新媒体的网络直播

直播文化是一个跨学科的研究领域，涉及表演学、社会学、文化研究（Cultural Studies）和社会心理学等学科的内容。一方面，今天的网络直播具有互联网流媒体的技术特征，并且有内容生产者和消费者的共同参与，已经形成了一个相对完整的产业链条或生态体系。另一方面，作为近3年来兴起的互联网产业，它在互联网经济中吸引了大量用户和投资者的目光，对传统的互联网应用和媒介产品产生了冲击，乃至直播平台本身也加入百播大战的热闹局面。在这里，新老之间的竞争、同行之间的竞争也非常激烈。

对直播文化及其特征的理解，需要置于社会系统中来考察，分析它与不同媒体或媒介之间的张力关系及其技术和产业特征。Auslander认为媒体本身并不是平等的，我们生活的社会中存在主导和被主导的媒体。而新媒体的出现总会对传统媒体发起冲击。这种权力关系可以参考麦克卢汉的描述，他认为一种新媒体永远不会只是旧媒体的补充，也不会放任旧媒体于不顾，而一定是不停地压迫旧媒体，直到后者为自己发现新的形式和地位。根据这种主导与被主导的张力关系，Auslander 提出"文化经济"（Cultural Economy）的概念，认为在不同的时间点，不同媒体享有不同程度的文化偏好、权力和声望。就媒体之间的支配与被支配关系而言，随着时代变迁，新媒体的出现为这种经济带来了转变（Auslander，2008）。

进入互联网时代，各种形式的新媒体产品和平台不断涌现。并且，随着信息通信技术的飞速发展，新媒体本身也进入高速的更迭期。一方面，这些新媒体对旧媒体或传统媒体造成了冲击。在文化经济中，表现为新事物的崛起。新事物拥有更多的资本和流量，并逐渐形成和巩固自己在文化经济中的主导地位。例如，随着互联网基础设施的发展，宽带业务的普及，互联网的流媒体视频对依靠卫星和线缆传输信号的传统电视产业构成了挑战。2017 年，皮尤研究中心发布的调查显示，在美国 18~29 岁的成年人中，61% 的人通过在线流媒体观看电视，大大超过使用有线或卫星收看电视的人。在性别差异上，男性（31%）比女性（25%）更多地使用线上流媒体的方式。并且，在受教育程度上，流媒体用户受过大学教育的人（35%）比只有中学以下学历的人（22%）多。[1]

根据 Yahoo 的调查，在线直播比电视直播更具有移动性和多任务的可能性，同时在线直播更让人觉得兴奋。在美国的总人口中，36% 的人观看直播。其中，在 13~17 岁的未成年人中，有 53% 的人观看直播，32% 的未成年人自己创作直播内容。在 18~34 岁的成年人中，63% 的人会观看直播，32% 的人会自己创作内容。[2] 在中国也有类似的情况，根据

---

[1] 见About 6 in 10 Young Adults in U.S. Primarily Use Online Streaming to Watch TV，http://www.pewresear ch.org/fact-tank/2017/09/13/about-6-in-10-young-adults-in-u-s-primarily-use-online-streaming-to-watch-tv/，September 13，2017。

[2] 见Tune in to the Live Video Opportunity, (2016), Yahoo。

2016 年易观千帆的监测数据，移动直播受到"85 后"和"90 后"群体的欢迎。24 岁以下的用户占 27.22%，是最大的用户群体，25~30 岁的群体占 27.14%。可以预见，随着人口年龄结构的变化和年轻人的成长，越来越多的人将使用在线流媒体观看电视。如同历史上电视的兴起对传统的无线电广播和收音机带来的冲击，今天的信息通信技术带来的变革，也使得传统的电视行业面临过去广播行业所遭遇的挑战。

传统媒体并不会完全无视新技术和新媒体的发展。新媒体带来的压力，会迫使前者努力寻求升级或突破。事实上，不管是电视行业还是广播行业，现在许多传统媒体都拓展了自己的互联网领域，在技术和服务上提供视频或音频的直播与点播业务，而不是固守自己在传统领域的生产、发行和传播方式。过去提供现场演出的剧院往往会强调自己的现场特性，节目不会在电视或互联网上出现，今天则越来越多地开始进行网络尝试，除了剧场和演出的宣传，节目本身也走进了互联网，甚至发展出了专门提供演出现场直播的网络平台。在网络直播与需要固定场地的现场表演的关系中，网络直播成为占主导地位的媒介，所有的现场表演都将降为被支配的媒体地位。但是在媒体间的动态关系中，尤其是在文化经济的背景之下，传统的媒体形式也会在科技不断发展的背景中尝试抓住改变的机遇，扭转自身作为传统媒介的不利局面。

在 Auslander 的研究中，任何文化客体（Cultural Object）都是大众传媒或者媒体技术的产物。"媒介化表演"（Mediatized Performance）则指表演本身通过电视、声音或其他形式的再生产技术进行传播。在文化经济中，现场表演和媒介化表演都是参与主体。虽然一般认为现场表演艺术属于大众传媒之外的文化系统，但是在当代西方社会，大众传媒占据了文化主导地位。在经济的驱动下，现场表演也会向媒介化转变，成为大众媒介系统的一部分（Auslander，2008）。

网络直播这种媒介形式的出现，固然会对传统的媒介造成冲击。

今天的直播产业正在高速发展，根据 Mediakix 的预测，到 2021 年直播产业估值将达到 700 亿美元。许多大的互联网社交平台都通过升级加入直播的产业。[1] 国外近年流行的直播平台包括 Periscope、Meerkat、Facebook Live、Instagram Live、YouTube Live、Live.ly 和 Live.me 等。

面对如此高速的增长，不仅对传统的电视媒体构成了挑战，许多老牌互联网企业也开始加入或布局网络直播的市场。例如，百度、新浪、搜狐和网易等有代表性的互联网企业，分别推出了百秀直播、新浪秀场、搜狐千帆直播和网易 BoBo。此外，自身就属于网络视频的新媒体平台也纷纷推出自己的直播产品或应用。例如，优酷和土豆推出了来疯直播，爱奇艺推出了奇秀，暴风科技也推出了暴风秀场。这些新推出的直播平台都具有秀场的属性，可以依托互联网企业自身的平台优势进行发展，同时也使得网络直播的市场竞争更为激烈。

就媒介或媒体的特点而言，考虑到今天互联网在生活世界中的支配地位，在网络直播中，表演已经媒介化（Mediatization）为网络表演的形式。它既具有实时现场的特征，在网络平台的场景空间中又具有虚拟性。此外，在日常生活中，我们也经常看见一些传统媒介与互联网相结合的尝试。剧场演出会选择网络直播的方式，以达到更广泛的传播效果，演员和现场表演本身也已经发生网络化的转变，表演者同时也是一名网络主播。

值得注意的是，秀场直播是网络直播平台的重要内容，乃至许多平台在发展初期将秀场作为直播的主要方向或主打内容。更为重要的是，直播平台提供或搭建的秀场为全民参与直播提供了空间和可能。秀场之外，直播平台在垂直领域的深耕和其他领域的拓展，也为不同兴趣爱好和知识技能的网民提供了展示自己的机会。当然，直播间或直播平台的存在价值并不限于以即时视频的形式提供一个个人表现和行动的空间，

---

[1] 见The top 9 live streaming statistics marketers must know, http://mediakix.com/2017/02/top-9-live-streaming-statistics-marketers-must-know/#gs.iPov8tQ ，February 7, 2017。

它们本身还具有极强的社交功能，这也是今天网络直播的基本属性之一。事实上，许多社交软件都将直播功能添加到自己的系统应用中去，其中有追求利润的因素，也有吸引产品用户的原因。关于网络直播的社交属性，将在第三小节进行详细说明。

（二）从直播丛到网络直播

1. 基于直播丛的直播建构

网络直播虽然是新兴的互联网产品和社交形式，但是它和传统媒介并非没有联系，而是在后者的基础上发展而来的。Karin van Es（2017）认为直播（live/liveness）是一个存在悠久历史且非常复杂的概念，从电视、广播到新媒体和互联网，本质上它是一种制度、技术和用户互动所产生的产品和建构（construction）。在媒体研究中，这一概念具有复杂性和多元化的特征，可以从本体论、现象学和修辞学3个角度进行理解。

首先，本体论的看法是把直播理解为电视经营固有的一种属性，即便它所播放的内容是录制的，但是它的传送本身属于"直播"。因而直播属性成为电视及今天新媒体的一种本体论实质。但是，Karin van Es也指出直播是一种社会建构而无法简单地还原为技术的事实。其次，从现象学的角度来看，直播也被视为观看者（Viewers）和用户(Users)的体验。Auslander和Scannell的观点是把直播理解为一种听众或受众的体验，认为网络直播带来一种特殊的自我与他人的关系，可以获得关于某件事情的参与感，或是受众在自己的时间和地点体验生命的一种方式。虽然Karin van Es代表了反对技术决定论的观点，但是她也认为这种现象学的理解对"直播"的解释过于狭隘，而且还回避了批判理论的分析。最后一种方法是对直播的修辞学理解。在当代，各种各样的媒介都声称具有"直播"的属性。其优点在于，这种修辞学的理解会突出直播的建构属性，但是 Karin van Es 认为这种方法过于强调直播建构中的制度角色，而忽视了在塑造直播的过程中技术与用户扮演的角色 (Karin van Es，2017)。

根据 Bruno Latour 和 John Law 等人的"行动者网络理论"(Actor-network-theory，ANT)，一个完整媒体实践的构成包括人和非人的行动者，以及话语和非话语的维度。Karin van Es 在理解直播的时候采取了综合的分析策略，提出一种整合了三种视角的方法，以便对三种方法各自的局限性进行补充。她将直播理解为一个称为"直播丛"(Constellations of Liveness) 的多维度概念，而不是采取单维度的理解方式。与"行动者网络理论"的不同之处在于，Karin van Es 的目标是提出解释直播现象的理论。虽然描述性也是这一理论的特征，但是 Karin van Es 并非要提供一个关于网络的描述，其目的在于分析不同的行动者在建构直播过程中所做的贡献，进而可以反思直播的运行及条件。更具体地说，通过考察平台的元文本（Metatext）、参与空间（Space of Participation）和用户反应（User Response）来解释媒介平台如何对直播进行建构（Karin van Es，2017）。

在具体的分析中，平台的元文本包括平台的网站信息、平台自身的特征、促销材料，以及关于平台的访谈材料。参与空间则表示通过平台的技术文化力量（Techno-cultural Force）、经济力量（Economic Force）和法律力量（Legal Force）联合塑造的参与实践：

（1）科技文化力量。直播平台的科技文化力量意味着科技的可供性（Affordance），但是同时又对用户施加了限制。在对直播平台的研究中 Karin van Es 指出，算法、协议和用户界面代表了不同平台的可供性和限制，并因此塑造了参与空间。

（2）经济力量。经济力量也共同塑造了参与空间，一般而言，它包括两方面的内容：一方面，各个平台都有自己的商业原则，这体现在平台服务的可供性上；另一方面，用户对平台的使用，也涉及一些网络、软件和硬件的成本。

（3）法律力量。各个直播平台的使用条例，均会在法律意义上清晰地说明平台涉及的隐私、知识产权和使用风险等问题。在直播平台的参与空间中，它们也对用户的行为施加限制。最后，除元文本和参与空间之外，用户对平台的意义和价值的反思和评论，作为用户反应一同参与了直播的建构（Karin van Es, 2017）。当然，对于用户反应的理解，Karin van Es 特别指出，它并不是用户对媒体平台的体验，重点在于用户的能动性对"直播"所赋予的意义。

2. 解读网络直播文化的多元"丛"视角

在表演学的研究中，技术文化对参与空间的塑造，重新定义了表演、剧院和观众之间的关系。在把传统剧院与技术相结合的研究中，Carson（2006）指出，技术为观众的参与搭建了一座桥梁，它打破了观众和舞台之间的障碍，并在一定程度上重塑了剧院和参与者的关系。数字技术和互联网在制作者和观众之间的关系上带来了民主化（Democratization）的后果，这种双向交流的形式（Two-way Communication）拓展和超越了传统剧场中观众礼貌性的鼓掌。以个案研究的方式，对几个开展了数字项目的剧院进行考察。例如，公开戏剧排练过程的文档，让观众参与戏剧的讨论和制作的过程。Carson 认为，它们不仅创造了新形式的观众参与，还为观众进入戏剧创造了可能。而且，剧院本身也通过数字技术重新定义了它们与观众的关系，并最终改变它们的公众形象（Carson，2006）。

在网络直播中，从内容生产来看，以泛娱乐和秀场为主的 UGC（用户生产内容），提供个人互动直播、个人才艺展示和生活直播等内容，它与专业化的戏剧或影视表演存在较大的区别。在自己生活和才艺的展示前并没有经过专业化的艺术训练和制作，在很大程度上具有休闲的性质。就受众而言，大多数受众观看直播是以休闲和兴趣需求为主的；对主播而言，他们可以利用这种新形式的技术和文化平台分享生活、紧跟时尚潮流。从这个意义上说，这种类型的网络直播虽然具有表演的性质，并且需要依靠手机或计算机屏幕来呈现内容，在技术特点上和专业表演的直播类似，但是它更多的是基于自我和生活的展示，缺少专业表演那样的美学追求。因为观看视频的用户有着和在剧场不一样的心理期待，直播者和观看者之间的关系也不同于表演者和观众。这种泛娱乐 UGC 的非专业化属性，使得直播平台呈现的内容五花八门，但它同时也为全民直播开启了大门。事实上，一些网络直播平台就把"全民参与"或"全民直播"定位为自己的发展理念。例如，出于可持续性的考虑，映客在成立之初便以全民直播为发展基调，选择不重点打造明星直播，也不与主播签约。

直播平台虽然存在大量的 UGC，但是在直播发展进化的过程中，许多直播平台选择制作专业化、差异化及有针对性的内容吸引粉丝观看。不仅产生了制作精良的 PGC（专业生产内容），大流量的 UGC 也会向 PGC 转变。这种转变不仅仅是内容制作和呈现方式上的改变，它还包括主播身份的变化。从独立的个体到团队合作，从工作室到公会，从自由职业状态转变为签约主播。这一发展历程是否顺利视主播的表现和潜力而定。就平台而言，在 PGC 的制作上，需要整合内部和外部的各种资源，既有专业化的节目制作团队，又有公会和网红经纪公司的参与。当然，普通用户的"网红"之路，背后还涉及职业劳动和社会认可，以及平台之间的相互竞争。这些问题的探讨将在直播生态部分展开。

从直播丛到网络直播，在线网络固然是重要的技术特征，但是网络直播并没有把自己的活动场域限定在线上，许多直播平台都制定了向线下和传统媒体发展的战略。例如，游戏直播平台（战旗直播）通过举办 Lan Party（局域网派对）的活动拓展线下业务，包括年轻人喜爱的游戏竞技、音乐表演及明星主播见面会等活动。对那些泛娱乐的直播平台而言，年度盛典和嘉年华活动几乎成为标配。通过这种线下活动的方式，让明星主播走出屏幕，走上舞台和粉丝近距离互动。同时，把网络直播搬上传统的电视媒体。以花椒直播为例，它不仅有"花椒之夜"这样的明星主播和草根主播共同参加的年度庆典活动而且在举办"花椒直播节"的时候，与北京卫视这样的传统主流媒体合作，对活动进行同步直播。此外，还利用平台本身的资源优势，启动"造星计划"为电影海选演员。酷狗直播在线上为直播音乐人打造了"直播间＋数字专辑售卖"的商业模式和职业音乐主播教学平台"酷狗直播学院"，在线下，则在成都、重庆、苏州、南宁、长春等地开设酷狗音乐孵化基地，为入驻音乐人提供一站式服务，为那些将网络主播当作职业的创业者们打通职业化、专业化的发展路径。[1]

可见，网络直播这种从线上到线下、从线下到线上的转化，意味着我们对直播的理解和考察，需要采取"丛"的多元视角，而不能采用单一维度的解释方式，后者将限缩我们对直播的理解。近几年，网络直播在中国高速发展，各大平台也在积极探索自己独特的生存和发展方式，存在不同主体的参与和多样化的实践，以至于逐渐形成一套独特的生态系统。

（三）从网络直播到社会互动

在互联网产品的发展中，社交属性越来越受到开发者的重视。即便是在视频或流媒体网络平台的设计中，也嵌入了许多社交和社会互动的功能。其中，社交属性和社会互动的形式又根据视频呈现的区别而存在差异。

一般而言，流媒体网络平台可以分为两种：点播平台（On-demand

---

[1] 中国音乐财经网：《酷狗直播的"造乐"生态：打造职业化、可长红的直播音乐人》，2018年11月6日，见http://www.chinambn.com/show-6235.htm。

Platform）与直播平台（Live-streaming Platform）。前者的代表有我们熟悉的优酷、土豆和爱奇艺等网络产品，后者为本书所主要关注的对象。从技术特点看，实时性可能是二者的最大区别。此外，还可以从参与空间的角度来区分直播平台和点播平台。就社交性而言，它们都能够通过超链接转发到诸如微博或微信朋友圈这样的社交软件上。点播与直播的一个重要区别在于，前者可以显示总体的观看次数，而后者只能显示即时的观看情况。在 Karin van Es 看来，这种共时发生的观看（Simultaneous Viewing）是直播体验的一个重要维度。而且，这种共时性还鼓励实时的用户或观看者参与在线对话互动。这种区别显示了现场传输和实时社会互动之间的关系，集体观看数量的计算让用户有一种参与感和临场感，让他们觉得自己是正在观看的事件的一部分（Karin van Es，2017）。在点播平台中，我们固然可以点阅很久以前的评论列表，但是基于视频评论的参与互动并不具有这样的即时性。

不管是秀场直播还是体育直播，针对才艺、生活或体育赛事提供即时性的视频呈现是网络直播的特点。信息通信技术在这种应用中发挥了连接时空的功能，同时连接的还有来自不同地区的观看者。这种直播事件的即时性为社会互动和参与创造了可能。例如，针对某一项赛事，球迷可以在直播平台上观看并展开即时的互动。这种文字或图片形式的互动有时候更能激发观众的参与热情，如图 2-1 所示。

在优酷对相关赛事的直播中，观众可以在聊天室根据赛事状况进行实时交流。这种直播中聊天的即时性不同于视频点播中的评论互动，它围绕正在发生的事件而进行，在现场感和参与感上，明显强于视频点播的文字留言。而且，这种赛事的网络直播和有线电视或卫星电视直播相比，更具有灵活性，尤其是在一些体育锦标赛的淘汰赛阶段，存在不同场次比赛同时开赛的情况。相比于固定频道的直播，网络直播提供了更灵活的解决方案。

在秀场直播中，主播通过展示自己的才艺、生活或聊天的方式和受众互动。受众则根据自己的喜好程度，通过购买虚拟礼物或物品进行打赏，后者也是泛娱乐直播平台的主要赢利模式之一。这种才艺展示或泛生活化的直播虽然具有 UGC 的属性，但它并不是在完全无意识的情况下发生的，主播会在时间和内容上有所设计。因而，

图 2-1　优酷对足球比赛的直播和聊天室的实时聊天情况

许多在家中直播的草根主播，他们并非把自己的"后台"还原性地呈现给受众。即便在一些泛生活化的直播内容中，可能会表现出较强的"后台"色彩，但是它们依然只是一种媒介化了的"后台"，呈现主播所计划和设计好的内容。

值得注意的是，主播和受众之间的互动存在一种不对称的关系。一方面，一位主播往往需要面对众多的受众，而受众群体本身具有极大的差异性，他们可能是路人，也可能是主播的粉丝，甚至是长期观看节目且具有一定忠诚度的粉丝。另一方面，对受众而言，他们可以在电脑或手机屏幕上观看主播的一举一动，但主播的言行经过了视觉化和声音美化的处理，甚至在直播过程中还可以选择各种各样的滤镜美化自己的形象，或者即时添加道具。在这种互动中，可以看到技术文化进步所扮演

55

的角色。对主播而言，他们无法看到受众的一举一动，而只能根据受众的聊天记录、评论信息或弹幕来调整自己的表演。观看直播的受众对主播而言，只是一个个的网络 ID。在直播间中，主播和受众之间这种不对称的关系，意味着这是一种有限的社会互动。至少在情感投入上，区别于现实生活中双方都在场的互动。

但是，恰恰是在这种有限且不对称的社会互动中，受众在观看直播的过程中得到了满足。在受众的直播体验中，他们可以放松心情、打发时间，甚至可以在特定栏目和内容的直播中，跟主播学习历史文化，学习各种专业知识。从休闲和兴趣的需求来看，泛娱乐和泛生活类的直播与互动满足了这部分受众的需求。

事实上，如果我们回顾一下社交软件或社交网站的发展历程，会发现它们在媒介和呈现形式上的区别。从文字到图片再到视频和 VR/AR（虚拟现实 / 增强现实），虽然因为技术和内容形态的特点使得各个互联网平台存在较大的区别，但是在近年的发展中，增强产品的社交属性成为各个平台努力发展的方向。以视频类的社交平台为例，从 2004—2015 年，经历了从长视频到短视频、从体育直播到游戏直播，综合类和垂直类的互联网平台经过这一时期的发展逐渐具备了较强的社交属性。

方正证券对网络直播的行业进行分析后指出，今后的互联网产品在社交属性上将越来越强，并且在内容形态上，将从视频发展到 VR 和 AR 的应用（见图 2-2）。事实上，一些直播平台已经开始了 VR 直播的尝试。例如，在 2016 年，花椒直播对北京车展进行 VR 直播，直播不仅使观众体验身临其境的车展氛围，而且可以像坐真车一样，感受车辆内部的空间和细节。可以预见，随着 VR 技术的成熟、硬件成本的降低及技术标准的普及，在教育和娱乐等领域，VR 和 AR 技术都有不错的应用前景。更为重要的是，在社会互动上，可以突破屏幕的区域限制，打开新的维度。

维度	类别									
高维 AI-VR?	内容形态									
VR/AR	综合类							VR直播	易直播 2016年	未来世界
	垂直类							VR秀场直播	唱吧VR 2016年	
视频	综合类	PC长视频 乐视网 2004年	PC长视频 土豆/PPTV/PPS 2005年	PC长视频 优酷 2006年	PC长视频 爱奇艺 2010年	移动短视频 美拍 2014年	移动全民直播 易直播 2014年	移动短视频 小咖秀 2015年	移动全民直播 17/映客/花椒 2016年	移动全民直播 拉卜
	垂直类	PC秀场直播 9158 2005年	PC秀场直播 六间房 2009年(转型)	PC秀场直播 YY音乐 2013年	PC游戏直播 斗鱼/虎牙/战旗 2014年	移动游戏直播 KK	PC游戏直播 龙珠/熊猫 2015年	移动音乐直播 章鱼TV 2015年	移动游戏直播 喵吧直播剧/野马玩场/陌陌现场 映客 腾手	移动电商直播 咸蛋家
图片	综合类	"图片+"论坛 猫扑 1997年		"图片+"社区 百度贴吧 2003年	图片形象设计 QQ秀 2003年		图片社交平台 堆糖 2012年	移动图片社交 微信朋友圈	移动图片社交 nice/in	
	垂直类-漫画					网络漫画平台 漫客栈 2006年	网络漫画平台 有妖气 2009年	腾讯动漫 2012年	追追漫画 2014年	Julu 2013-2014年
文字	综合类	邮件 网易邮箱 1997年	门户 网易/腾讯/新浪 1997-1998年	BBS 四通利方/天涯社区 1998-1999年	PC通讯 QQ 1999年	社交网络 人人网	个人主页 新浪博客/QQ空间 2005年	微博 新浪微博	移动通讯 微信	
	垂直类-文学	网络文学平台 榕树下 1997年		网络文学论坛 幼狮乐园 2000年	网络文学平台 起点中文网 2002年	轻小说平台 轻文轻国度 2007年		移动文学平台 汤圆创作 2014年	移动网络社交 微信阅读 2015年	
低维										

来源：方正证券（2016 年）

图 2-2　互联网平台的研究周期

　　当然，在网络直播出现之前，视频点播网站在画面的评论区之外，还通过弹幕技术来实现观看者之间的社会互动，在青少年中甚至形成了弹幕文化。观看者随着剧情的推进，适时地编辑文字并推送到视频画面上。在特定的剧情下，甚至会出现刷屏的现象。五颜六色的字体占据了屏幕，具有集体狂欢的特征。因为点播平台的特点，观众并不是在同一时空情境下在场，因而这种弹幕互动也是时空压缩之下的社会互动。事实上，即便是即时性的视频直播，弹幕仍然作为一个重要的社交功能保留下来，成为观看者与主播之间，观看者与观看者之间进行社会互动的重要方式，如图 2-3 所示。

57

图 2-3　虎牙游戏直播中的弹幕互动

　　除了在直播内容方面的深耕发展，社交属性的拓展也是网络直播积极探索的方向。首先，各大平台利用自身的技术特点和优势，在直播间的互动中通过美化场景、使用滤镜、赠送虚拟礼物和物品等方式提升用户的互动体验。其次，利用智能手机的地理定位功能，给直播平台增加互动属性。例如，花椒直播设计了"开趴"和"碰碰"功能。在第一个功能中，用户可以随机进入直播的房间，与陌生人或好友互动交流。第二个功能类似探探这类交友软件的短视频版，它通过查找附近人的方式，呈现搜索到的由陌生人所录制好的短视频，根据用户喜好开展互动。但是，这种社交属性的拓展面临发展平衡的问题。直播平台需要明确自己的产品属性，尤其避免将直播业务限缩为交友软件。最后，如本书很多地方提到的，具有虚拟特征的在线互动虽然是网络直播的一大特性，但是它并不是网络直播的全部。网络直播仍有很大的可能和机会向线下发展，利用平台内容、主播资源和平台技术的优势，通过嘉年华、直播节、直播＋传统媒介等形式，实现线上和线下的相互转化。在这种转化过程中，为不同形式的社会互动和社交，创造了新的可能。

二、网络直播的文化属性

关于网络直播的文化属性，可以从以下 3 个方面加以分析考察：作为文化空间的直播；直播的多元文化和直播的文化能动性。

首先，直播平台本身具有一定的文化属性，结合互联网的技术特点及用户的互动，形成了一个特殊的文化空间。这个异质性的文化空间为不同群体和不同文化背景的人群的会聚与交流创造了可能。

其次，因为存在不同的直播内容和不同文化背景的用户，即便各个平台在产品设计和定位上有一定的美学取向，但在这个平台和用户一起创造的文化空间存在多元文化（Cultural Pluralism）的特征。从高雅文化到世俗文化，从二次元文化到真人秀文化，从主流文化到青年亚文化，各个社会群体都会在平台中找到自己的共同体。虽然文化多元主义具备了一定程度的包容性，但是这并不意味着直播平台为低俗文化和色情文化提供法外之地。法律、社会规范和平台本身的使用条例为这一空间划定了文化和价值的边界。

最后，直播平台所代表的文化并不是一种静态的互联网文化，因为公众参与的特征，以及固有的社交和娱乐属性，这种文化具有很强的能动性（Cultural Initiative），并能够溢出互联网，成为流行文化的一部分。事实上，近几年随着直播平台的兴起，"直播＋"成为像"互联网＋"一样的流行概念。许多传统的文化产业也受到直播文化的影响，在产品设计上考虑直播的功能属性，以抓住直播兴起的机遇，努力打造新的互联网文化。

（一）作为文化空间的直播

互联网视频或直播平台所提供的不仅仅是"视频直播"产品，它同时也是"社交网络"产品，平台创造价值能力的提高需要依靠共创型用户（Co-creative Users）的参与。从这个意义上说，直播平台代表了一种互联网时代的"文化空间"。在这个空间内，存在各种各样的共同参与者，他们或为内容创造者，或为观看者和消费者。这里既有 PGC 也有 UGC 的生产者，观看者不仅本身具有成为内容生产者的可能，而且他们的评论和点赞也会对内容的传播和再生产带来影响。更为重要的是，这一空间并不是对孤立的个体进行聚集排列，它是形成文化群体及形成所谓网络新部落的重要媒介，这也是文化得以传播和再生产的重要基础。

一方面，针对特定的视频内容或活动，参与者从中获得了自身的文化和身份认同，并在长时间的参与过程中强化了这种身份。事实上，这种行为本身便是实践其身份和文化认同的一种方式。用传播学的语言来概括，围绕某个主播或事件的直播，用户的观看及相关行为变得具有仪式感，"我"在这个过程中成为集体的一部分。在当代以媒介为中心的世界中，Couldry（2006）认为"媒介仪式"（Media Rituals）是我们想象自身与社会世界发生联系的方式，它代表的广泛媒介情境包括我们如何想象自身、如何与组织化的"我们"建立连接，以及成为一个社会的成员（Couldry，2006）。在直播平台中，观看、点赞、评论、发礼物、参加线下活动等互动成为用户与共同体或社群建立联系的方式，这些互动形塑了直播平台的文化空间。

另一方面，直播平台虽然具有商业性质，但是平台本身为普通人的参与文化创造了可能。全民参与或草根属性是网络直播平台给人的最直观印象。根据 Jean Burgess 和 Joshua Green（2009）的观察，在当代的数字环境中，一个明显的趋势是市场和非市场模式的文化生产之间的合流。在当代媒体公司的商业逻辑中，过去那些以边缘文化、亚文化、社区为基础的文化生产被吸收进去（Burgess,Green,2009）。虽然各个直播平台有自己的产品定位和一定的美学取向，但是就平台而言，这一空间并不是统一且同质化的。直播平台是一个异质性的充满了张力的文化空间，这一特点由互联网本身的属性所决定。Burgess 和 Green 的观察揭示数字环境下汇合不同文化的商业逻辑。平台本身并不是针对特定的人群开放的，而是向所有人开放的，这种开放性为多元文化创造了可能。就直播内容和主体而言，从 PGC 到 UGC 再到 PUGC，既有草根主播参与，又有体育、娱乐和商务等领域的明星主播。

在垂直领域，教育直播或在线课堂这样的内容可能存在较大的用户需求，也是传播文化的新形式。传统的知识生产和传播依靠特定的时空展开，但是互联网的直播平台克服了时空屏障。在"拉平"的空间中，受教育者扩大了自己选择的机会。就用户需求而言，教育直播可能是未来直播平台值得深耕的领域。换言之，在这一文化空间，网络直播还存在许多积极的潜能，值得释放。尤其是在直播中结合 VR 和 AR 技术，通过优化教学场景，加强现场感和沉浸感，将全面提升教育直播的教学体验。

（二）直播的多元文化

1. 互联网时代的文化多元化

关于文化的含义，人文社会科学对这一概念的理解缺少统一的标准。一般而言，它包括人类创造的一切物质和非物质的东西。物质文化是指经人创造出来的一切物质产品，非物质文化则指经人历史实践创造出来的各种精神文化。

在互联网时代，文化具有多维度的属性。在《互联网文化管理暂行规定》（2003 年 5 月发布）中，网络文化产品是指通过互联网生产、传播和流通的文化产品，它包括音像制品、游戏产品、演出剧（节）目、艺术品和动画等其他文化产品，它们是经过互联网媒介化了的文化产品。我们讨论的网络直播，作为演出剧（节）目在当前互联网技术下的新形态与新形式，属于网络文化产品的一种。

在文化产品之外，虽然我们一般称互联网为虚拟世界，但是随着信息技术向日常生活的渗透，以及社交网络和网络媒介的发展，这种虚拟性变得越来越具有社会性和真实性。就互联网的社会性而言，在物质维度上，网络互动表现为不同终端和代码的发送与接收。但是在社会维度上，互动包括行动者的理性与主观感情。这就是为什么 Karin van Es 在理解直播参与空间的时候，反对技术决定论的观点，而是将它理解为由技术文化力量、经济力量和法律力量合力形塑的空间。虽然直播参与空间是依靠屏幕、摄像头和网络终端搭建起来的虚拟空间，但是人们的情感、行动、心理认同总是会随着直播的内容而调动并具有实际效应。

另一方面，每一种文化都代表了特定的价值取向，并在社会空间中有各自的位置。我们根据文化在社会中的位置，又可以把它分为主流文化和亚文化两种形式。前者在社会中占据主导位置，为大多数人所接受，影响人们的价值观和行为方式。而后者仅为少数人所接受，表现为某一特定群体的文化。

以青年亚文化为例，它主要指由年轻人创造的、与主流文化和父辈文化存在张力的社会文化形态。当代的"90 后"和"00 后"青少年作为互联网的原住民，从出生伊始便熟悉互联网，更是将它视为一种创造性资源，生产符合自己身份和文化认同的文化。网络游戏、动漫、小说等是日常生活中青少年所关注的主题，并结合全球化和地方化的文化资源，创造出新的文化内容出来。

2.网络直播的多元文化空间特点

值得注意的是，青少年虽然是互联网的活跃分子，但是这并不意味着互联网是专属青少年的文化场域。事实上，不同代际、地域，甚至是文化认同的群体，均能在互联网的开放空间中找到属于自己的共同体。在直播平台中，青少年并不是网络直播的唯一用户，不同年龄层次的人都可以在直播平台上发现新事物和满足自己的需要。事实上，"网红"并不是俊男和靓女的专利，我们也发现一些中老年用户借助直播平台展示自己在琴棋书画方面的才艺，甚至有一部分人成为受大家追捧的"网红"，这为其实现互联网的经济赋能创造了可能。

此外，互联网的开放性及网络直播的多元文化空间并不意味着直播平台为低俗文化和色情文化提供了法外之地，网络直播需要有自己严格遵守的底线。互联网上新事物的出现，总是伴随着监管和治理滞后的问题。在网络直播刚刚兴起的初期，网络直播平台确实出现了一些乱象，如涉黄、涉暴和涉毒。随后相应的监管和治理措施也相继出台。2016年，原文化部先后处理了斗鱼、熊猫等十几家违规的网络直播平台。总体而言，对网络直播的监管和治理正在向常态化和规范化发展。网信办、原文化部和原新闻出版广电总局相继发文对网络表演和网络视听节目直播服务管理进行约束与规范，先后出台的文件包括《移动互联网应用程序信息服务管理规定》《文化部关于加强网络表演管理工作的通知》《关于加强网络视听节目直播服务管理有关问题的通知》《互联网直播服务管理规定》等）。而且，相关规定不仅针对线上内容，对线下活动也有相应的监管和规范措施。

《2016—2017 中国数字出版产业年度报告》(2017) 认为，2017 年是网络直播的行业监管年，也是网络直播平台的洗牌年。政策上的收紧将驱使网络直播加快向规范化和健康化的轨道发展。该报告还认为 2017年也是网络直播迈向成熟的关键一年。在直播的文化空间，法律法规和平台本身的使用规范为主播和用户的行为划定了界限。

当然，人们对于网络直播的多元文化表现出的包容与并存，可能存在不同的观点。例如，首先，对早期网络直播中秀场文化的批评，认为它作为一种"经济利益下的人际交互"，在各种狂欢式的愉悦体验中，存在文化混乱，会对社会造成不良影响。而且，因为直播平台的准入门槛太低，使得目前的直播行业处于粗糙、低俗和功利的状态（贾毅，2016）。相似的观点认为网络直播中的低俗无趣的文化取向、网络主播缺乏专业素养，以及受众的娱乐取向扭曲了网络文化氛围（肖道会，2017）。其次，从社会冲突论的安全阀理论出发，研究者认为网络直播类似一种社会安全阀，存在社会减压功能、社会整合功能和社会创新功能。就第一个功能而言，网络直播的实时互动虚拟场景为发泄心理压力和紧张情绪、获得情感交流和陪伴提供了一个适当途径，这也是网络直播在社会安全阀机制中最直接和基础的功能。此外，网络直播的"以志趣为起点、社群为联结"的群体行为和结构特征，具有社会整合的功能。最后，网络直播成为部分青年群体利益表达和沟通的新渠道，甚至成为个人职业发展的新路径（廉思，唐盎飞，2018）。

事实上，如果我们把这种观点视为文化的张力，就会发现这种张力并不是网络直播所独有的属性，它甚至成为互联网的一个基本特征。尤其值得注意的是，秀场文化或泛娱乐并不是直播平台的全部属性。直播平台上的内容相当丰富，在用户生产的内容中，涉及大量教育和技能的直播，包括英语和日语学习、户外生存技能、绘画技能、电工技能，甚至是美妆和母婴知识的讲座等。许多网络直播平台也把综合内容当作自己的产品发展方向。例如，"一直播"平台致力于将自己打造为整合明星、网红、媒体、政务的综合性内容的直播平台。"YY"平台则直接由一个语音平台发展为具有秀场、游戏、体育、户外和旅游的多元直播平台。拓展综合性的直播内容，并进行线上和线下的融合尝试，成为网络直播平台努力的方向。

　　网络直播的文化多元性直接体现在直播内容的丰富和多样性上。虽然年轻人可能是网络直播的主要用户人群，但是不能据此把直播平台简单地理解为青年亚文化的场域空间。从技术角度而言，文字、图片、视频和直播都是信息技术发展到一定程度之后的媒介表现形式。客观上它为不同文化的呈现带来了更为丰富和生动的可能。不同文化可以根据直播媒介的特点，创造出符合自身价值和表达需要的直播内容。

（三）直播文化能动性

　　网络直播的快速发展并不仅仅发生在经济领域或技术领域，当直播成为多元文化的载体并成为一种文化潮流时，它反过来会对技术和经济产生直接影响。因为直播的社交属性，在推动产业升级之外，直播作为一种文化还具有形塑人们现代生活的能力。因此，对直播文化能动性的理解，可以从以下两方面来进行：首先，直播推动了其他传统媒介的"再媒介化"，乃至影响行业本身的创新发展；其次，直播文化并不限于在线的手机或电脑终端，它并不会随着终端的关闭而终止或消逝，它会进入人们的生活，塑造甚至形成新的文化。

　　1. 网络直播推动"再媒介化"：以游戏直播为例

　　因为信息技术向日常生活的渗透，对许多人而言，直播或观察直播成为日常生活的一部分，并在一定时空背景下形成一种潮流文化。从聊天室到在线影视，从联机对战到观看游戏主播，例如，20 世纪在青年中兴起的有 Walkman 文化和 MP3 文化，新技术带来的新事物总会掀起流行文化的热潮。事实上，文化本身并不是处于单向或封闭的状态，它会传播和渗透，并在这一过程中发生流变，为不同的主体所吸收和改造。

　　就直播平台这种媒介而言，在文化经济中，因为存在巨大的受众和流量，直播文化对其他"旧的"或"传统"媒介和媒体造成的影响和冲击，使后者不得不经历一场"再媒介化"的革命。在这种情景下，"直播+"成为改变媒体游戏规则的主要方式。在今天，现场演出、娱乐、新闻、游戏，乃至维持社会正常运转的政务活动，都为直播打开了大门。当然，这里的"直播+"或"再媒介化"并不是强调简单地对直播技术的使用，它更意味着一种新思维和理念，为传统行业或领域的创新带来可能。

以网络直播在游戏领域的发展为例。围绕直播的技术、应用、平台、用户和玩家的兴起，为游戏行业带来了深远影响。事实上，在数字和互联网时代，全球游戏产业正在发生转型，试验和探索新的游戏。游戏越来越得到认可，日渐成为一种主流。游戏产业的创新，培育了新媒体的发展，尤其是游戏与社会媒体网络的结合，使得游戏本身成为一种新媒体。Hjorith 认为，由于游戏是一种新媒体，我们需要在媒体的发展历史中理解游戏。像许多新媒体一样，游戏也在经历再媒介化的过程，其中存在一种新技术和新内容与旧技术和旧内容之间的循环关系（Hjorith，2011）。显然，作为当前最为耀眼的发展趋势，直播是游戏作为一种新媒体的典型代表。它利用音频和视频直播，对游戏过程进行实时的互联网传播，玩家和观看者可以展开实时的互动。更为重要的是，游戏直播并不是提供一种在线娱乐，它还通过用户的身份和文化认同，结成线上和线下的文化共同体，共同推动潮流文化的发展。直播文化的能动性表现在，它会影响甚至推动不同产业的发展，促进人们新生活方式的形成和改变。

国外最大的游戏直播平台 Twitch 提出的口号是"不要只是观看，来加入我们"，该口号显示了直播平台的社交属性。Twitch 在首页宣传语中指出，这是一个会聚了百万人的社区共同体（Community），游戏、流行文化和社交在这个共同体中发生各种美丽的碰撞。显然，Twitch 提供的并不仅仅是视频业务，直播为有着相同趣缘的玩家结成网络社群创造了可能。Twitch 上的直播可概括为三步骤：创造共同体，通过查找功能让观众找到直播者的内容；一起成长，直播者和观众一起合力来创造一个频道和文化；回报激情，通过辅助工具，平台将帮助直播者获得报酬。Twitch 的游戏直播界面如图 2-4 所示。

来源：Twitch

图 2-4　Twitch 的游戏直播界面

　　对玩家而言，游戏直播的出现改变了他们的游戏体验方式。在过去，集体游戏或对游戏的围观，需要在固定的物理空间展开，这种社会情境已经构成了许多"80 后"的集体记忆。在游戏直播中，主播在游戏的时候和观看者交流，观看者的即时留言和评论会对游戏主播的操作造成影响，使得单机或在线游戏变成一种集体参与。虽然它是一种在线式的凭借直播空间和游戏场景的参与，但是评论家认为，这是一种全新的观看和游戏体验。对观众而言，整个情境如同回到了他们的青少年时代，大家聚集在一起观看和讨论玩游戏的朋友及其游戏技能。游戏直播虚拟化（Virtualize）了这种体验，使得观看者可以和其他人一起就游戏聊天，在一定程度上再现了过去的社交游戏体验。[1]

1 见How livestreaming has changed gaming culture…and other thoughts from our Ars Unite livechat, https://arstechnica.com/gaming/2015/10/how-livestreaming-has-changed-gaming-culture/, October 27, 2015。

从游戏开发者的角度来看，游戏直播的发展改变了游戏产业，乃至影响整个游戏文化。游戏直播和电子竞技行业的兴起，对游戏的操作、设计和市场带来了巨大冲击。游戏本身与直播结合在一起，赋予观看者特定的操作权。在这种情形下，观看者同时也具有了玩家的身份，而不是前述的因趣缘而形成部落式的纯粹情感参与。观看者通过聊天的方式给玩家指令，或者在特定的随机事件中，通过限定时间内的集体投票来决定游戏的走向。为了吸引用户及契合游戏直播的社交属性，越来越多的游戏开始结合观看者操作（Viewer Control）的方式来进行设计。[1] 这种观看者操作属于"媒介化的游戏操控"，观看者通过输入话语和特定的命令来指挥主播展开游戏。在很多时候，这种参与并不是个体化的参与，游戏的推进需要在不同观看者的集体决策下进行。

观看并不是直播的最终目的，如何通过直播参与游戏成为工程师在开发游戏时的重要考量。如同 Twitch 的口号一样，"不要只是观看，来加入我们"，加入本身也具有了双重含义。一方面是针对加入游戏直播平台而言，用户可以是观看者也可以是内容生产者；另一方面则是观看者本身因为平台和游戏的赋能，成为具有"媒介化的游戏操控能力"的玩家。在玩家通过直播而不是手柄参与游戏的个案中，直播文化的能动性并不在于它通过流量形成科技潮流和青年文化。这股潮流和文化具有极强的反身性，它反过来带动了游戏产业的新思路与新发展，对玩家而言则是游戏新体验和新社交。

根据易观（2018）的分析数据，游戏直播在中国的市场规模从 2014 年的 4.7 亿元暴增至 2015 年的 11.8 亿元，并在 2017 年达到 44.2 亿元，预计到 2020 年游戏直播的市场规模将达到 65 亿元。2017 年，游戏直播平台人均单日使用时间从最低的 70 分钟到最高的 130 分钟，人均时间超过了一小时。这种产业的快速增长，不仅源自资本市场的力量，还因

---

[1] 见Twitch plays everything:How livestreaming is changing game design，October 26，2015。

为社会观念对电子竞技的看法越来越趋于客观。在整体的产业链中，游戏直播平台发展迅速。当然，国内的游戏直播在内容生产上还以知名游戏和战队直播为主，初期依靠打赏收入。在第二个阶段，用户打赏和游戏联运成为成熟的收入来源，但是来源相对有限。在第三个阶段，则需要探索新型的模式。例如，利用网红的吸粉能力，通过粉丝经济来助推网红经济，在游戏直播领域也制造自己的网红，乃至打造游戏直播的网红经济。

2. 网络直播塑造新的文化和生活方式

直播文化并不限于屏幕和互联网，许多游戏直播通过组织线下活动的方式，与游戏文化相结合，在线下拓展自己的产品领域，进而塑造青少年的潮流文化和生活方式。例如，战旗直播平台在线下组织 Lan Party（见图 2-5），这是电脑玩家的一种独特游戏文化，兴起于 20 世纪 90 年代末。这一活动不仅是进行局域网的游戏，游戏玩家在聚会的时候还需要携带自己的硬件设备，在游戏的同时展示自己的电脑硬件。聚会的主题既有游戏的内容，也有电脑硬件知识和技能的交流。这一活动也成为电脑 DIY（自己动手制作）发烧友和游戏爱好者展示自己和硬件的理想平台，它已经成为一种独特的全球性青年文化。

图 2-5　战旗直播平台在 2017 年举办的 Lan Party 现场
（2017 年 8 月 25 日至 27 日，上海国家会展中心）

斗鱼直播通过举办嘉年华活动，积极探索线下领域的发展模式，这种线下嘉年华已经升级为国际武汉斗鱼直播节。2018年4月29日至5月1日在武汉举办的斗鱼直播节，在内容上由游戏向大型文化节发展，不仅包括电竞赛事，还包括音乐表演、极限运动、车展、二次元动漫、游园美食和大型游艺等泛娱乐的大型户外文化活动。参与者不仅有互联网公司和泛娱乐领域的厂商，还包括直播平台的"网红"、数百位电竞选手和明星主播，吸引了近35万粉丝参与。从线上到线下的拓展，从游戏直播拓展到生活娱乐，已经成为许多游戏直播平台发展的方向。除斗鱼之外，虎牙直播也积极发展多元化的内容，不仅有游戏、电竞、二次元、娱乐和骑行，还包括科技和教育。值得注意的是，对于线下嘉年华式的拓展，许多直播平台选择了相同的方式，从中可以看到百播大战的影子。直播平台向线下的内容和业务拓展，仍然需要寻找符合自身平台优势与特色的方式，避免内容的同质化和空洞化。

从游戏直播向泛娱乐领域的发展，固然意味着直播平台在快速发展中的选择，但它同时也是对线上和线下各种文化的吸收与调适。从孤立的个体在家观看直播到携带自己的电脑参加线下聚会，再从直播嘉年华到直播文化节，互联网直播这种技术文化正在形塑我们的生活。

以青少年流行语为例，直播平台和社交网络不仅成为培育和传播流行语的媒介，许多流行语所指涉的事件或对象就是来自直播平台和社交网络的基本操作。换言之，这些语言的流行及它们所指涉的内容，是对青少年日常生活中网络活动的反映。受动漫文化、二次元文化，以及欧美和韩国的流行偶像文化的影响，通过弹幕、聊天或留言的方式，青少年利用互联网创造出由全球文化和地方文化相结合的语言产品。例如，"因吹斯汀"和"大丈夫"，分别是英语"interesting"和日语"没问题"的谐音。透过这些汉字构词背后，可以看出英剧、美剧和日剧成为青少年获得语言资源的主要媒介。

另外，像"up 主"和"打 Call"，则以中英混合的方式，表达"上传者"和"支持与助阵"之意。和游戏相关的"carry"和"打野"分别指"带动队友游戏节奏"和"游戏时避开主战场，在野区获取资源"。它们本身成为青少年网络互动所使用的语言。在对直播平台用户的观察中，我们也发现类似词汇的大量使用（如"老铁""双击"和"点赞"），通过语言实践形塑了一种语言文化。我们无法用语言学的标准来判断这些流行语的对错，它们在词源与词语构成上体现了跨文化和跨语际的色彩。

网络流行语是语言变迁的显著指标，语言学家 David Crystal 认为，网络语言虽然会对日常生活中的"标准"语言形成冲击，但是这种正式和非正式的语言属性，像服装的潮流一样会随时间发生变化（Crystal，2001）。而且，从宏观角度看，互联网是一个全球网络系统，同时也是一个多语种的语言共同体。其中的语言规范并不是静态的，它会随着时间发展而变化，个体也可以属于多个语言共同体（Danet、Herring，2007）。许多网络流行语不仅是全球文化和地方文化相结合的产物。在中国语境下，我们也能发现一些地域性的方言，在网络世界中"脱域"之后，进入流行词的行列。例如，"老铁"本来是东北方言中的好朋友，但是在今天泛指互联网中的广大朋友。又如，"废柴"本来是粤语，本意指无所事事的人，在青少年的语境中，用它来表示坚持梦想而暂时经济状况不佳的青年。在这几个案例中，地域性的方言变成一种互联网语言，并在流行之后成为不同地方的人都能理解的共同语言。

3. 网络直播拓展了公共空间：以政务直播为例

除了对日常生活中语言的影响，政务直播作为网络直播在垂直领域的发展，凸显了直播在社会中的现实意义。这也意味着直播这种技术文化并不限于娱乐和教育，它还具有更广阔的应用前景。在一定程度上，它可以打破将直播等同于娱乐和明星的刻板印象。在此之前，虽然存在"直播＋教育""直播＋公益""直播＋企业形象""直播＋电商"及"直播＋体育"等模式，它们在不断拓展直播的边界和领域，但是"直播＋政务"模式显然代表了一条完全不一样的试验路径。

以"一直播"为例，在2017年8月"一直播"发布的政务榜单上，有军视网、九龙坡消防支队、湖南高速交警、重庆共青团等政务单位。不仅覆盖了我国大部分省市和地区，还包含政府信息公开、交通执法和动态、建议反馈通道等内容。这种新技术文化下，给政务运行带来了极大的透明度，政务工作也由原来的结果公开转变为过程公开。以交通执法为例，2017年"一直播"与公安部交通管理局开展了"全国交警执法直播台"活动，共开播了6054场，观众的累积观看次数达到了4230万。此外，"一直播"还与北京市人民检察院合作，开展了"首都检察官直播宣传周"活动，为网友了解和学习法律知识提供了一条平时不易获得的渠道。在2017年两会期间，《人民日报》发起了40场直播，总观看数量达到了4725万人。

事实上，在以视频为主的网络直播平台兴起之前，许多政务部门已经开始了积极拥抱新媒体的尝试。例如，通过微博和微信公众号平台，发布权威信息，提供服务指南，对工作会议进行文字和图片直播，甚至在具体的应用中提供便民服务。今天的许多政务部门和机关，拥有专属的官方微博和微信公众号，也有专人对这些新媒体产品进行运营。在网络空间，政务部门积极作为，发布官方权威信息，也是对自身公信力的维护。而且，官方机构和不同属性的新媒体结合，将实现更为深远的传播效果。例如，"一直播"与《人民日报》社新媒体中心和新浪微博一起，推出了"人民直播"这一全国移动直播平台。从形式上看，相比于文字或图片的直播，视频直播对政务的呈现更为立体和全面，而且这种合作能广泛利用不同平台新媒体的资源与优势。

对政务执法过程的直播，体现了相关政务部门严格按规定执法的自信。因为一经直播平台公开，将接受来自全国各地的海量观看者的检验。对执法部门而言，直播意味着整个执法过程都将受到普通百姓和网友的监督，每一个细节都可能暴露在镜头之下。这种公开透明的特点无疑将极大地提升政务部门的公信力，同时也对其改进工作作风大有助益。

事实上，从互联网的发展历程来看，从 Web 1.0 到 Web 2.0，从文字信息到图片和视频信息，直播平台固然具有自己的商业属性，但它作为一种新媒介工具，可以以新的呈现形式和互动形式触及庞大的受众群体。为此，虽然对相关部门的工作提出了要求，但是政务直播的常态化，或许将成为官方机构利用新媒体贴近普通群众和网友的可行路径。此外，相比于一般意义上的秀场娱乐直播，政务直播更强调自己的公正性和公开性。对执法和工作过程的直播，显然不能像秀场直播一样，使用滤镜来美化场景，使用背景音乐来营造氛围。政务直播强调真实性和实时性，要避免将政务直播变成一场作秀的直播。作秀行为本身极具杀伤力，会对政务机关的公信力带来巨大的伤害。

本小节对直播技术文化及其能动性的讨论主要从两个方面进行：首先，网络直播技术文化对传统媒体的影响和冲击，使后者面临"再媒介化"的选择。以游戏产业为例，网络直播影响了人们体验游戏的方式，带来了更多的可能。并且使传统的单机或在线游戏在开发和设计的时候，需要考虑结合网络直播的元素，甚至"观看者控制"也成为创新游戏设计的选项。此外，网络直播向日常生活的渗透，易于形成新的文化潮流，对语言的发展造成了影响。许多直播中使用的方言和网络语言，成为青少年的网络流行语，青少年也通过它们来表达自身的文化和身份认同。更为重要的是，网络直播并不等同于娱乐或综艺直播，娱乐并不是它的唯一内容。直播作为一种技术形式和文化，在政务部门的工作中，也应具有一席之地。

三、网络直播文化的社会心理功能

网络直播作为一种体现参与式文化的社会媒介，在传播资源盈余的时代，具有全民参与性、场景丰富性、场景互动性和即时性的特点，打破了传统场景建构模式而形成场景混合化，缩短了场景距离、实现了场景信息共享、促进了场景交往行为"无地域"，体现了参与式传播和场景式传播的特点。这些特征让网络直播满足了新媒体时代受众的社会心理需要，因而吸引了大批用户。

（一）用户画像

很多研究机构对网络直播用户的心理特征进行过分析，如艾瑞咨询在《2017 中国泛娱乐直播用户白皮书》中，根据用户核心需求将用户分为 6 类，包括寻求陪伴型、放松消遣型、追逐潮流型、电竞游戏型、消磨时间型和追星型用户。其中，以寻求陪伴为目的的用户和电竞游戏类用户是使用直播的高频用户。整体上，在泛娱乐直播用户中男性占比较高，超过了 70%；用户年龄以 30 岁以下为主，占比超过了 74%。用户主要集中在沿海二三线城市，一线城市的占有率一般。超过半数用户的受教育程度在本科及以上。根据艾瑞咨询在 2018 年发布的最新数据，在移动端的泛娱乐直播用户中，女性用户比例呈增加趋势，占 43%，其中，80% 以上用户年龄在 35 岁以下。泛娱乐直播用户在一线城市、新一线城市和二线城市的比例有所提高，累计占比达到 37.4%。中高收入用户占比达到了 36.8%。用户观看直播最大的原因是放松解压。

除此之外，求知欲、好奇心、从众心理、受主播颜值吸引、玩电竞游戏、社交、排遣寂寞等原因也都占据相当的比例。在内容方面，秀场才艺直播仍是主流；搞笑、美食、明星和游戏等直播类型也受大众喜爱。另外，聊天互动、健身、户外、饮食直播等多种类型也有不容忽视的受众量（艾瑞咨询，2017）。女性用户对明星和网红更敏感，观看直播时有明确的追星和学习技巧目的，如学习美妆、服饰搭配和美食制作。男性用户对于户外、游戏和颜值的需求则更突出。24 岁以下用户偏爱追星和互动，"80后"用户通过看直播解压的需求更强烈；40 岁以上用户消磨时间、放松消遣的意愿比较突出。企鹅智库发布的《2017 年中国直播行业趋势报告》的调查显示，消磨空闲时间是用户观看直播的主要原因，接近 60% 的人表示这是他们看直播的原因；另有超过 30% 的人是因为喜欢才艺表演或听主播聊天，超过 20% 的人是为了学习经验和知识分享（游戏、美妆、理财）。方正证券研究所在 2016 年的证券研究报告里指出，网络直播满足了用户猎奇、社交、获得认同感、尊重和自我实现的需要。

上述报告中，对网络直播用户需要和动机的分析结果基本一致，大部分用户把网络直播作为一种消遣和娱乐的选择。这些需要都符合当今参与式文化和传播盈余社会背景下的心理特点，可以归纳为以下 5 个方面的需要：休闲娱乐需要、低卷入陪伴需要、认同和归属的需要、社交需要和认知的需要。

（二）休闲娱乐需要的满足

《现代汉语词典》中的"娱乐"释义为"使人快乐，消遣；快乐有趣的活动"。娱乐是人类的天性。人们需要一种轻松的娱乐，以形成对劳动的调剂和补偿，并在二者的动态平衡中满足生存的整体需求。特别是现代社会快节奏、高强度的工作和生活，常常让人们身心疲惫，希望能够在紧张忙碌之余得到些许松弛和解脱，于是休闲方式越来越呈现一种娱乐化的趋势。民俗学家钟敬文在《论娱乐》一书中指出，"娱乐是人的自然情绪的流露，只有当人们高兴或有闲暇时，才有兴致进行娱乐活动。娱乐是人类生活要求的反映，生活的一些现象通过人们的提炼、总结，成为娱乐或竞技的内容，成为一种新的娱乐方式。之后，又慢慢地脱离了原来的生活形态，成为艺术化的生活形态。"可见，"不管是较浅层次的娱乐还是较高层次的艺术，都是源于生活的需要。娱乐的形式和手段虽然多种多样、五花八门，但其最终目的都是为了快乐，娱乐显然并不是庸俗浅薄和玩物丧志的代名词。"（钟敬文，1999；孔令顺，2012）。在现代社会，可供人们选择的娱乐方式极其丰富和多元化，而网络直播因为自身的便捷、参与性强、狂欢化娱乐、内容丰富且多元等特点，成为很多人的娱乐选择。前文调查结果也显示，消遣娱乐是大多数用户观看网络直播的最简单和最直接的心理动机。

一方面，现实生活中，人们的压力可能来自切实的困境，也可能是来自内心空虚或无助的体验。无论是哪种情况，都需要得到缓解和释放。紧张工作一天后，在众多娱乐方式中，选择观看一档网络直播节目，不失为一种解压的方式。网络直播构建了匿名的虚拟场景，受众在场景中参与互动交流时，不用顾忌自己的社会身份、社会角色等身份标签，可以尽情地在直播场景中对内容进行戏谑，对现实进行调侃，满足了颠覆现实社会的欲望，将现实生活中的压力释放，达到了放松身心的目的。

另一方面，网络直播提供了一种狂欢化的娱乐形式，受众通过观看网络直播获得消遣娱乐的方式轻松、获得快乐的途径多样，而且具有全民参与的性质。所谓狂欢化的重要特点就是不把表演者和观众区分开来，具有整体性和全民性。费斯克曾把大众文化定义为"生产者式文本"，强调了大众接受大众文化的主动性，能够自主地从大众文本中解读出不同的意义、快感和社会身份。大众文化产生于大众之中，通过受众自我解读得出不同结论的方式，让受众体验到更大的审美快感（费斯克，2001）。互联网时代参与式文化将文本生产的参与性更推进一步，大众不仅仅是解读文本，而是产生自己的文本，成为文化的缔造者。在狂欢化的文化场域中，如网络直播中，人们可以尽情地"狂"与"欢"，不再作为局外人和看客欣赏"娱乐精英"的表演，而是加入与自己一样的普通人的舞台当中，并收获一群在一起放松和狂欢的朋友和伙伴。同时，网络直播过程中即时互动，让受众可以积极参与，以自身作为传播符号，实现了身心的全方位调动，在交流与互动中释放了自己的情绪和情感。同时，参与这场狂欢的形式非常简单，随着智能手机的普及和网络直播技术的发展，受众观看和参与网络直播的方式极其方便，身心也得到极大放松，因为在获取媒介的过程中不会增加生理和心理上的负担。另外，不同人所喜欢的消遣娱乐的方式也不相同，但网络直播的内容和节目形式丰富多彩、呈现生活中方方面面的场景，极大地满足了受众不同的娱乐需求。

（三）低卷入陪伴需要

前述用户画像表明，消磨时间和寻求陪伴的用户也在网络直播用户中占有相当的比例，这也体现了网络直播的一个优势：在低卷入状态下就能获得陪伴感。在互联网时代，对各种媒介的使用方式都呈现碎片化的特征。大部分网络直播的内容并不具备完整的结构和叙事逻辑，用户可以在直播过程中的任何时间进入观看，不会影响观看体验。相比于观看电影和电视剧时的全身心投入，观看网络直播时的这种低卷入状态，更符合碎片化的生活节奏背景下受众的媒介使用心理（阴法锐，2017）。前述用户调查也表明，很多人会在空闲和无聊寂寞的时候观看网络直播。

很多人在使用网络直播这种媒介形式的时候，不仅仅是在消磨时间，还为了获得虚拟的陪伴感，并且这种陪伴感的获得不需要高度投入，只需低度卷入。网络直播中那些生活化的场景，缩短了主播与观众之间的场景距离，进入私人场景和公共场景混合的场景区域。观众带着自己世界的信息，进入了屏幕中他人的世界，建立起一种生动的、浸入式的虚拟场景体验。因此，即使有的直播内容平淡无奇，有的琐碎无聊，但对于网络直播的观众来说，这是在现实生活的闲暇时间、在低度的卷入状态下，进入混合化的生活场景中，获得一种虚拟的陪伴感。在观看网络直播的过程中，主播与观众之间的互动交流、观众之间的交流和屏幕上实时显示的观众人数，都能有效消解人们的孤独感。在碎片化时代，这种无须太多投入就能获得的虚拟陪伴感，成为网络直播满足受众心理的一大利器。

（四）认同和归属的需要

每个人都渴望被认同，被他人或群体接纳，而无论学历、年龄如何。这些有相同认同需要的人组成了许多大大小小的群体，他们彼此认同和理解，并创造出属于自己的文化（张薇，张紫璇，2016）。如第一章所述，社会生活选择的丰富性，造就了许多新的类别。人们不再依赖先赋性因素（如血缘、地缘、学缘、业缘）获得群体认同感，越来越多人的认同感来自获得性因素，如生活方式、价值观念、心理特性、行为偏好等。通过个体的选择、个体内心心理状态的表达而形成同质性群体。网络直播平台为来自社会上的不同背景的群体提供了释放自我价值观和寻找具有相同观念群体的机会，通过网络直播搭建起的"趣缘"部落能够成为新形态的纽带，让用户可以寻找拥有共同兴趣和爱好的人，建立"趣缘"群体认同，满足归属感需要。

可以说，网络直播的形式为不同文化群体找到了能最为直观丰富地传播亚文化符号和意义的关键通路。尤其是对于网络直播的主体用户——青少年来说，在新媒介环境下，基于互联网的新媒介最重要的意义不在于快速传递海量信息，而在于它能提供创造、传播自身文化的平台，在于寻找志同道合的"圈内人"，在于寻求身份归属感和通过集体认同构筑的新社交和趣缘部落（中国青少年研究中心，2016）。对于青少年来说，现实社会交往中传统的血缘、地缘、业缘等强关系在网络社会中依然存在，但共同的兴趣爱好也是重要纽带，把青少年跨阶层、跨性别、跨地域连接起来。研究表明，青少年网络文化的趣缘分布广泛，从衣食住行的日常生活到休闲娱乐的时尚消遣，任何一种兴趣可以在网络空间聚集起一定数量爱好相同的人，形成多样性、小众化、趣缘化的部落，表现为麦克卢汉所说的"重新部落化"社会形态（麦克卢汉等，2001）。

网络直播平台具有多元融合、文化共生的特点，为青少年多元化的趣缘化群体形成搭建了理想的平台。对于青少年来说，不同的"趣缘"社群成员都有自己关注的重点，哪怕同为网游爱好者、二次元爱好者、角色扮演爱好者、网络音乐爱好者，但各自所热爱的对象、类型可以完全不同，彼此之间并没有交集。同为明星或网红粉丝，但所迷对象不同，则形成的迷群也完全不同，彼此之间经常"开战"也不新鲜。网络直播则可以包容这些差异，一方面，网络直播的垂直化发展趋势，让其具有更为丰富的文化内容，为青少年群体展示自我和寻找志同道合的同路人提供了一种直接的、相互激发的传播平台，从而构建起身份归属和集体认同的新的趣缘部落。另一方面，网络直播平台上的多元文化可以相互独立存在，不同文化都能有自己的生存空间，这种多元包容特性降低了群体间的冲突和对抗。

（五）社交需要

根据马斯洛的需求层次理论，在生理需要和安全需要满足之后，人们会形成较高层次的需要，即归属和爱的需要，又被称为亲和需要、社交需要。心理学家阿特金森认为，社会交往的动机源于亲和需要和亲密需要。亲和需要是一个人寻求和保持许多积极人际关系的愿望，即人们有需要和他人相伴的倾向；亲密需要则是人们追求温暖、亲密关系的愿望（侯玉波，2002）。人是社会性的动物，具有合群与群居的倾向。生活在一定社会文化环境中的个体，总是要和周围的人发生各种各样的交流和联系，形成各种形式的人际关系。从出生到死亡，关系一直是人生经验的核心部分。人一生的成功与失败、幸福与痛苦、快乐与悲伤、爱与恨等，都与人际关系有密切关联。没有同别人的交往与关系，也就没有人生的悲欢离合，没有文学、艺术，没有科学，没有一切（全国13所高等院校《社会心理学》编写组，2008）。在与人交流和联系的过程中，处理人与人之间的关系成为人类自身发展的一种重要能力。

随着媒介技术的不断发展，人类实现社交需求的方式出现了变化，以往需要在现实世界中沟通交流而建立起来的人际关系，现在可以越来越多地借助不同的社会媒介实现。特别在互联网技术飞速发展、世界已经成为一个"地球村"的情况下，借助各种即时通信、社交网站等工具，以往在线下才能获得满足的社交需要可以在线上轻松获得。在新媒介环境下，社交需要也有了新的内涵，越来越多年轻人的社交方式突破了传统的熟人圈子、人情社会的限制，更多满足于虚拟社交和陌生人社交。

网络直播平台不像社交软件那样主要定位于社交，但它同样具有人际交往功能，并且能够增强了人际交往的真实性和实时现场感。网络直播设定了一个情境，主播的一举一动都能够真实准确地展现在受众面前，给受众身临其境的真实感。主播与观看网络直播的受众之间的互动交流，满足了传受双方的社交需求。在观看直播过程中，受众可以通过发送文字、表情与其他受众交流观点，参与到直播内容或与内容相关的话题讨论中。在网络直播设置的这种共时的情境中，受众彼此间的交流也在满足着整个受众群体的交友需求，在"观众"这样一个共同的身份之下，受众不仅满足了自己建立人际关系的需要，更是获得了一种群体认同和群体归属感。还有许多网络直播应用从社交通信软件中诞生，例如，微博的"一直播"与QQ的"NOW直播"，让社交和直播两不耽误。几乎所有的网络直播软件都设置了分享链接到社交软件的功能，通过分享自己的直播来获得好友的关注与评论，网络直播由此打通了社交的通道。

（六）认知的需要

在马斯洛的需求层次理论中，认知需要是人类较高层次的需要之一；根据奥苏伯尔的成就动机理论，认知需要是成就动机的成分之一，具体是指知道和理解事物、掌握知识及系统地阐述并解决问题的需要，也就是一种获取知识经验的需要（乐国安等，2011）。人们的求知动机往往和好奇的倾向相关联，人们渴望了解周围的世界，不仅是满足自己的好奇心，还是获得生存本领的基础。同时，知识和经验还会影响人与人之间的沟通。无论是年轻人还是老年人，都有学习更多知识、获取更多资讯的欲望。在 Web 1.0 时代，很多人利用互联网就是为了获取更多资讯，拓宽自己的知识领域。到了 Web 2.0 时代，互联网的信息和知识来源更为丰富，人人都有机会参与知识的生产和传播过程，可以在维基百科撰写词条，可以写开放的源代码，可以担当自媒体角色……人人也都有机会去了解他人个性化的、新奇的知识和经验。在这种信息和知识共享的互联网环境下，网络直播也是一个信息共享的平台，直播参与者来自社会各行各业，具有不同的知识背景和生活经验，通过直播，受众可以了解法律、医学、金融专业知识，可以获取个性化的料理、美妆、服饰穿搭、旅游攻略信息，可以领略传统文化的风采，可以探究非物质文化遗传的奥秘。受众还可以从直播平台，直观地获得社会生活中五花八门的信息和知识。其中，很多信息可能超出了受众自身知识结构和知识背景的范围，能拓宽受众的知识面，满足认知需要。

四、网络直播文化体验营造的心理基础

网络直播在满足受众不同需求的过程中，实际上是营造了不同范围的消费者体验，顺应了体验经济时代的需求。第一章所阐述的娱乐性、教育性、逃避性和审美性 4 种体验形式，营造的心理基础就是前述网络直播用户的心理需要，而为了满足一种需要，可能会营造出多种体验，如图 2-6 和表 2-1 所示。

表 2-1 网络直播的需要满足所营造的用户体验

需要种类	娱乐性体验	逃避性体验	教育性体验	审美性体验
休闲娱乐需要	✓	✓		
低卷入陪伴需要	✓	✓		✓
认同和归属需要		✓	✓	
社交需要		✓		
认知需要			✓	

为了满足用户的休闲娱乐需要，直播内容要吸引用户，让他们在轻松的氛围获得愉悦感，这就是营造一种娱乐性体验。有些用户通过参与式浸入直播场景，也能释放情绪，获得愉悦体验。因此，网络直播通过营造娱乐性体验和逃避性体验，可以满足用户的休闲娱乐需要。

对于低卷入的陪伴需要来说，虚拟化的生活场景体验、直播间里主

播和其他观众的存在、沉浸场景中感受生活，都可以让用户需要得到满足。沉浸式体验能帮助人们排遣空虚和寂寞，个人也会因他人在直播空间内同时出现而获得陪伴感，身临其境地感受主播所处的环境也让人暂抛孤独。因此，网络直播营造的娱乐性、逃避性和审美性体验，都可以满足用户的低卷入陪伴需要。

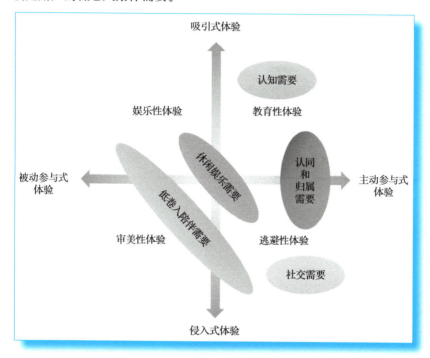

图 2-6　网络直播需要满足与用户体验关系示意

认同和归属的需要满足，强调社交和兴趣群体认同，参与性较强的体验更容易满足这种需要，浸入式的逃避性体验自不必说，教育性体验因为把相同学习目的的人群聚集在一起，帮助用户找到兴趣群体，也能满足群体认同的需要。因此，网络直播营造的逃避性和教育性体验可以满足人们的认同需要。

社交需要的满足离不开社交互动，但在参与性较强的教育性体验中，用户的互动社交色彩相对较淡，往往以信息交流为主。相反，逃避性体验可能更容易满足社交需要。因此，网络直播营造的逃避性体验可以满足人们的社交需要。

认知需要的满足则主要通过网络直播所营造的教育性体验而获得。

3

第三章

网络直播的内容
与体验经济

一、参与式文化的文本生成与网络直播的内容生产模式

在参与式文化中，文本主要指数字化文本，由比特（Bit）以多样化的方式组合而成，包含文字、图像、音频、视频、动画等。数字化文本可以跨越多种类型的媒介横向流动。在众多文本中，各种形式的用户生产内容（User Generated Content, UGC）是重点考察对象。UGC也是网络直播行业最初发展的基石。近几年，专业生产内容（Professional Generated Content, PGC）和专业用户生产内容（Professional User Generated Content, PUGC）在网络直播文化的文本中崭露头角。本小节对网络直播的三大内容渠道进行论述。

（一）UGC

用户生产内容除了用 UGC 表示，还可用 UCC

(User Created Content, UCC）和"Consumer Generated Media"表示。世界经济合作与发展组织（OECD）在2007年的报告《参与式网络和用户生产内容：Web 2.0，维基和社会网络》（*Participative Web and User-Created Content: Web 2.0, Wikis and Social Networking*）中，描述了用户生成内容的3个特征：第一，它是在互联网上公开的内容；第二，具有一定程度的创新，体现了一定量的创造性努力；第三，该内容由非专业人员或非权威人士创作。这里的"非专业人员创作"主要是从概念上把它区别于商业实体或组织创作的内容。从广义上说，UGC可以认为是那些蕴含着受众的创造性努力、在网上公开、在专业渠道之外所生产的内容。早期，用户生成内容是民间的、没有多少获利动机的活动，但随着用户生产内容的发展和推广，越来越多的媒体和互联网运营商开始通过搭建和运作用户生产内容的平台来获得商业利润，某些用户也开始从其创作的内容中赚取利润（OECD，2007）。网络直播平台正是在UGC基础上发展起来的。

UGC的出现改变了互联网内容的分布格局，在Web 2.0和新媒体环境下，用户生产内容已经成为当前互联网内容的重要组成部分。在网络直播中，用户是网络直播内容的主要生产者。谈及直播，人们最常想起的就是俊男靓女唱歌跳舞，诸如此类的直播内容是由具有表演能力的用户制作的。现在直播的UGC呈现多样化的创意文本形式。例如，有的主播具有优美的嗓音，主要直播内容为聊天唱歌；有的主播天生饭量惊人，主要直播内容为吃下海量的美食；有的主播在直播间内制造各种低分贝的声音，满足受众的听觉需求；还有的主播擅长电竞游戏，直播游戏过程就会吸引众多粉丝。诸如此类的用户生产内容很多，网络直播平台上大量的草根主播群体提供了源源不断的UGC。

因为UGC是由用户自己进行设计创作的，所以内容水平参差不齐，有些内容冗长且无趣，并且大部分的用户生产内容相似度高。目前网络直播行业有独创性特点的 UGC 有限，同质化问题严重。但是，UGC 的场景生活化和真实性是网络直播吸引用户的一个重要特征，而且为了生产有趣的内容，吸引更多人观看，很多主播也在不断提升自身修养，积累素材。在访谈中，有一定粉丝量的头部主播和腰部主播都表示，为了充实直播内容，自己主动参加了多种乐器、声乐和舞蹈的培训，练习沟通技巧，每日收集一定量素材为直播内容做准备。此外，精心布置、变换直播的场景。UGC 在外在形态上经常体现"非专业"水准，但贵在真实，若配合一定的努力，还是可以吸引很多用户关注的。

（二）PGC

PGC（Professional Generated Content）指由专业的团队提前将传播内容制定好，然后由具有专业素养的人员在直播间呈现。之前的 PGC 在网络直播领域主要应用于产品的营销，或者传播有新闻价值的内容，这类 PGC 多是直播平台和专业传媒公司合作的产物。行业已有的 PGC 大多关于综艺娱乐，例如，2016 年上半年 VG 娱乐推出的《花漾大爬梯》就属于较为典型的 PGC 直播节目。该节目选择斗鱼直播平台进行直播，主题为当下较为流行的美女养成套路，受众在直播过程中有权决定节目游戏人物的去留。新浪乐居作为房地产行业的垂直媒体，曾经制作一档以直播房地产知识为主的 PGC 直播节目，直播内容由专业的编辑团队事前编排好，主播在直播间内按照时间顺序呈现内容，具有一定的新闻价值。

近两年，UGC 水平参次不齐、同质化问题严重，而优质的内容是网络直播行业的核心。因此，各大直播平台开始在保留原有内容形式的基础上不断创新，纷纷推出 PGC。例如，花椒直播把"自制"作为主打栏目之一，推出了上百档自制综艺节目，如《韩大嘴侃体育》《马后炮》

《特工学院》《宅男实验室》等，主播选秀竞技类的《巅峰之战》和全民参与的《料事如神》等直播活动，都取得了出色成绩。2018 年，《巅峰之战》春季赛全程总打赏金额超过了 2.8 亿花椒币，决赛总计收看时长达 48 亿分钟。该栏目的广告冠名商也因赛事合作收获了超过 66 万个新增注册用户，成为利用 PGC 进行直播营销的成功案例。与之类似，映客推出了《樱花女生》，其前身《樱花女神》在 2017 年引发了超过 1 亿人次的用户互动，20 亿 IP 曝光。斗鱼直播与米未传媒合作推出了《饭局的诱惑》，还与万合互娱合作推出《女拳主义》；熊猫 TV 与芒果 TV 合作推出了《Hello, 女神》；战旗 TV 推出了自制节目《狼人杀》；淘宝直播平台专门开辟了仅限具有专业视频制作能力的机构入驻的 PGC 栏目。直播综艺节目和 PGC 栏目成为各大直播平台竞争的重点。

总的来说，PGC 在直播领域具有极大的商业价值，背靠集团力量，在广告招商及受众聚拢力方面较有优势。但是，和 UGC 相比，PGC 的投入无疑较大，包括财力、人力、物力和有较多直播经验的主播，对于创意的门槛要求也很高，最后成功的 PGC 数量也是有限的。无论是 UGC 还是 PGC，最终都要回归满足用户观看直播的心理需要，才能策划出优质的内容。

（三）PUGC

PUGC（Professional User Generated Content）是 UGC 和 PGC 的结合，指以 UGC 的形式，制作出相对接近 PGC 的专业内容，兼具 UGC 的个性化特征与 PGC 的专业品质。这一模式在 2015 年的全球移动互联网大会上被提出，一开始应用于移动音频行业，而后不断扩展到其他行业。直播平台的 PUGC 形式是以草根的创造方式和表现力，加上公会规模化的指导与包装，再经过平台对产品进行包装、优化和推荐，形成比普通 UGC 更具专业品质、更具观赏魅力的高品质直播内容。

可以说，PUGC 是对 UGC 质量的升级，但避免成为脱离用户的 PGC。网络直播用户生产的内容很难有质量保证，即使有质量保证也很难在海量的直播大军中被挖掘出来。专业传播团队在用户生产内容的过程中进行扶持，可以很好地解决内容质量方面的问题，但对主播的演出不进行干预又保证了主播用户的独立性。有学者称 PUGC 是"业余的专业化"（胡泳，2016）。这种专业化一方面是业余用户的自我提升，另一方面也有专业机构的推动。相比于 PGC，PUGC 耗费的资金更少，面临风险更小；而相比于 UGC，PUGC 的内容质量更高，稳定性更强。很多直播业内人士都看好 PUGC 的发展。YY Live 最早提出直播行业走 PUGC 之路，其副总经理简小瑜曾表示，网络直播平台完美的内容生产模式结构应该是金字塔形：底层是大众化的 UGC，专业团队指导下的 PUGC 作为中层力量，高质量定制化的 PGC 作为顶层力量。

二、网络直播的主要类型与体验营造

网络直播的类型多样，从不同角度可以有不同的分析方式。从直播载体的角度，可以把网络直播划分为 PC 端直播和移动端直播；从直播平台角度，可以把它划分为综合性平台和专业性平台。本书采用常见的对直播进行划分的方式，分析不同类型的直播的主要特点与它们所塑造的用户体验。如前所述，网络直播的场景极其丰富，日常生活、娱乐、工作和学习都可作为直播的内容，直播内容大致可以分为三大类别，即传统秀场直播、游戏直播和泛娱乐直播。其中，泛娱乐直播又包括泛娱乐生活化直播、垂直类直播和版权直播，而这里的版权直播包括电视直播、活动直播及自制节目直播，属于较为传统的直播类型，是以第三方客观角度对活动现场情况进行传递，在此不进行过多讨论。上述区分是为了便于讨论典型直播内容，泛娱乐直播在广义上可包括秀场直播和游戏直播。网络直播的主要类型与体验见表 3-1。

表 3-1 网络直播的主要类型与体验

	娱乐性体验	逃避性体验	教育性体验	审美性体验
秀场直播	✓	✓		
游戏直播	✓	✓	✓	
泛娱乐生活化直播	✓	✓	✓	✓
垂直直播	✓		✓	

（一）秀场直播与用户体验

传统的秀场直播兴起于 PC 端，以美女主播为核心，一般以唱歌、跳舞等才艺表演为主要的直播内容。这种业务形态运用历史已有 10 余年，受众范围长期覆盖海量的三四线城市的男性用户。目前，秀场打赏收入仍是各大平台主要的赢利来源之一。但是，秀场模式的可复制性非常大，内容生产以 UGC 为主，质量参差不齐，内容同质化现象严重，并且赢利模式单一，除了打赏，暂时没有可替代的模式。

前述分析已经表明，无论用户出于何种心理需要，内容都是吸引用户参与的关键。但秀场直播面临的一个问题是，用户的审美诉求日益提升，但主播优质内容输出的持续性和创新性却不足。换言之，用户的需求其实一直都在，但主播端内容供给和粉丝吸附效应的可持续性是需要解决的关键问题，主播和平台对此都有一定的意识。在访谈中，一些主播表示担心"哪天就没有人喜欢了"，因此不断提升自己，让自己的直播内容更加丰富。直播平台也开始引入 PUGC 的模式，通过主播经纪公司招募，培养大量优秀主播，为持续输出优质内容提供保障。一些直播平台还增加了社交版块，可以群聊，也可以私聊，为主播和粉丝之间、粉丝和粉丝之间的线上及线下交流创造了有利条件，以建立和维持社群关系，增加用户黏度。不过，社群的形成也要建立在内容共鸣的基础上，归根结底还是要在内容上有所创新，营造场景化的、范围广泛的用户体验。

根据第一章中的体验维度分析，秀场直播给予用户更多的是娱乐性体验和逃避式体验（见图 3-1）。用户或被主播颜值或才华吸引去观看表演，或沉浸在主播所营造的表演场景之中，通过主动与主播积极交流、打赏，构建、影响直播间的场景呈现，让自己也成为表演场景的一部分，主动影响自己的体验，这种社交化体验和交互性娱乐也是直播的一大特色。而在主动获取信息的教育性体验和身临其境感受性的审美体验上，收获相对不是很多。秀场直播未来的内容创新要结合自身特点，拓展和加深其所能带给用户的娱乐体验和逃避式体验，满足用户消遣娱乐、陪伴和社交的心理需求，还要在场景打造上下工夫，增强用户的浸入式体验。

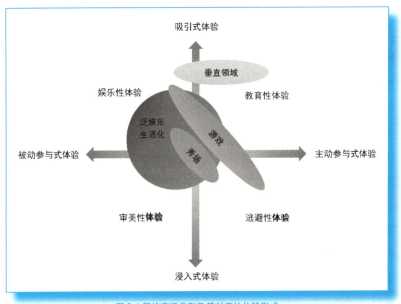

图 3-1 网络直播类型及其对应的体验形式

（二）游戏直播与用户体验

游戏直播是在线上提供实时游戏视频内容的在线体验方式，也是源于 PC 端，主要内容就是观看主播玩游戏，听他讲攻略或实时解说游戏赛事。与秀场直播相比，游戏直播对于视频画质和流畅性的要求更高，而且游戏版权费用昂贵，因此成本支出较高。根据易观的分析，自 2014 年起，游戏直播平台实现一部分变现收入，但整体并不能覆盖成本上的输出，市场规模为 4.7 亿元。随着市场的不断整合和完善，目前，游戏直播市场整体步入发展的平稳期，2017 年市值规模达到 44.2 亿元，整体的产业链和商业模式已经步入正规。随着泛娱乐的加剧，用户对内容的要求逐步攀升，游戏直播平台的内容逐步多元化。内容同样也是游戏直播平台的核心，用户在游戏直播平台观赏的内容往往与他们日常最喜欢 / 最经常玩的游戏同步，要求观赏性强并满足一定的社交需求。因此，平台的直播内容会随用户的喜好而改变，随着时代发展不断更新和补充，培养核心用户。

游戏直播的核心用户是 PC 端的电竞爱好者，随着国内游戏市场的爆发式增长，长尾游戏内容增加，直播平台对优质主播和流量的竞争愈发激烈。在职业选手解说、主播直播等 UGC 生产形式的基础上，各平台开始尝试精细化制作 PGC，一方面在热门赛事、自制综艺节目、自制赛事、明星主播等方面进行内容建构，打造电竞 IP；另一方面，通过人才培育打造多样化主播，盘活各方资源为主播和内容增添推广渠道，提高用户的黏性。除了在游戏内容和主播推广上的努力，泛娱乐化是各个游戏直播平台的主要趋势。由于各平台在游戏内容上差异较小，几乎所有热门游戏均有涉及，因此，发展多样的泛娱乐化内容可以填补用户的空余时间，把娱乐和游戏结合起来。

根据易观的统计数据，游戏直播的用户群体以"85 后""90 后"人群为主，男性居多，但女性用户的参与度也逐渐增高。在地域分布上，一线城市的用户比例最高。根据用户体验维度分析，游戏直播给用户带来的体验更为多元化，娱乐性体验、逃避性体验和教育性体验都有所涉及，其中逃避性体验尤为突出。逃避性体验会让用户完全沉浸在自己作为主动参与者的世界里。热门游戏本身大多具有高参与、高沉浸和高互动的特点，而游戏直播虽然不是用户自己进行游戏，但不妨碍其沉浸于游戏场景的体验。同时，平台提供的弹幕、即时评论、礼物等互动形式让用户参与感增强。被主播的实力吸引、单纯观看游戏直播，可以让用户获得娱乐性的体验。还有部分用户关注游戏直播是为了得到一些游戏攻略，一些职业选手作为主播所做的解说，与用户互动过程中的讨论和讲解，让这些用户获得了有用的信息，从而得到了教育性体验。相比较而言，一般的游戏直播给人的审美性体验可能不是很强，但随着 VR 技术的发展，让用户身临其境而获得直接的感观体验不再是难事，游戏直播在审美体验上将有所突破。

（三）泛娱乐直播

泛娱乐直播兴起于移动端，是娱乐产业的相关直播。"泛娱乐"指基于互联网与移动互联网的多领域共生，打造明星 IP（Intellectual Property：知识产权）的粉丝经济。其核心是 IP，可以是一个故事、一个角色或其他大量用户喜爱的事物。腾讯集团副总裁程武最先提出这一概念，并表示泛娱乐的使命就是让文化以契合时代的创意形态，走进生活。移动互联网第一次让内容生产者和粉丝之间的黏性与互动达到了不间断、无边界的状态。在互联网时代，文化产品的连接融合现象明显。游戏、文学、动漫、影视、音乐和戏剧不再孤立地发展，而是可以协同打造同一个明星 IP，构建一个知识产权新生态（腾讯游戏网，2015）。

网络直播是泛娱乐生态下的产业之一，具有明显的泛娱乐特征：第一，在直播平台上，每个人都可以成为创作达人；第二，直播垂直领域的发展可以实现多领域的融合和联结；第三，围绕主播形成粉丝经济。为了便于论述，本书把泛娱乐直播分为泛娱乐生活化直播和垂直领域直播。

如前所述，内容是直播平台的核心，移动直播泛娱乐化把直播内容极大丰富化，不局限于早期秀场直播聊天、唱歌、表演等内容，直播还增加了如脱口秀、户外活动、日常生活、才艺、购物、观影、旅游、美妆、美食、二次元等直播内容，吃饭、睡觉、看书这些生活场景都可以成为直播内容。这些偏向泛娱乐的直播大多以 UGC 模式为主，给予用户不同的体验，如才艺直播给予娱乐性体验，美妆、服饰穿搭、美食的直播给予用户一定的教育性体验，旅游、户外直播给予用户一定的审美性体验。在这些直播中，恰当调动用户参与性，增强场景沉浸度，都能给予用户一定的逃避性体验。

（四）垂直直播：消费、经济、民生、公益

如前所述，直播垂直化发展是网络直播未来的主要趋势，将直播工具化，从单纯的内容生产工具发展到业务工具。目前，"直播＋"在电商、教育、财经等领域有广泛的应用，主要目的各不相同，有的为了推动专业消费，有的在于服务社会和知识传播；有的以公益为目的，有的以娱乐、宣传为目的。

具体而言，在具有推动专业消费性质的实践中，例如，"直播＋电商"模式能给购物者带来一般的图文介绍和录播视频很难提供的临场感，短时间内快速提供大量信息，能缩短消费者的决策路径；而主播所带动的氛围，也能刺激冲动消费行为的产生。"直播＋金融"模式还处在初期阶段，但未来结合互联网金融产品的直播形式，将会有很大的想

95

象空间。除了金融服务，直播还改变了财经资讯传播的方式。目前有两种常见的"直播＋财经"模式，一种是由专业人士及草根金融达人担任主播，内容形式不统一，各有特色。通过挂件引导用户在平台内购买理财产品，并结合电商导流，实现理财产品的推销。另一种是以专业分析师为主播，进行实时大盘讲解，解读财经资讯等。观众可通过"拜师"机制购买主播课程，获得更多专属权益，如向主播一对一咨询、获得针对性指导等。"直播＋教育"模式应用较早，通过直播加录播课程、线上授课加电话家访、课后辅导等形式，直播课程已形成了一套完整的体系，并开始衍生出了签到、晨读等更具强互动性的形式，给予参与者更多激励和正反馈。一些用户表示，直播的互动性解决了在线课程缺乏课堂氛围的问题，提高了听课效率。

在具有服务社会和知识传播性质的实践中，"直播＋政务"模式推动了政务公开、促进民众沟通，双向互动的直播形式为民众提供了新的监督机制。"直播＋医疗"模式的应用具有深远的前景。目前有医疗平台开始针对 C 端，即消费者个人用户的医疗科普内容进行直播，一些医疗大 V 的每场直播也均有上万人次观看。在 B 端，海外已有通过 VR 直播与医疗机构合作，进行医疗培训的案例。在"直播＋司法"模式中，有的平台请法官作为主播讲解法律知识、分析典型案例；有的平台直播司法庭审，推动了普法工作的开展。"直播＋电台"的新模式，则为细分的电台领域优质内容提供了新的传播渠道。

在以公益为目的的实践中，"直播＋公益"模式的实时互动性提高了诈捐、骗捐的门槛；同时，通过长期直播的方式，可以对公益项目进行长期监督和跟进，确保公益落到实处。"直播＋传统文化""直播＋非物质文化遗产"等直播形式，助力弘扬传统文化。"直播＋扶贫"模式也采用主播深入地方进行直播的方式，助力地方精准扶贫工作的开展。

以娱乐为目的的实践，主要表现为各大平台打通线上线下的直播通道，如"直播＋选秀"模式，组织主播参与选秀赛事，直播赛事全程，实时打赏。"直播＋赛事"模式，如举办线下游戏赛事，邀请明星主播和付费用户共同参与比赛。

上述各种"直播＋"尝试，除了以娱乐为目的的实践，其他实践大多只能给用户提供一些教育性体验，很少能让人产生娱乐性、逃避性和审美性体验。因此，上述很多"直播＋"的实践营收并不是很高。当然，一些以公益为目的直播实践也并非以营利为目的，而是为了承担企业和行业的社会责任，创造社会价值。但对于其他形式的"直播＋"实践而言，如何找到合适的应用场景，营造范围广泛的用户体验，是直播更好地垂直化发展所需思考的问题。本书第七章针对这些问题提一些建议。

4

第四章

网络直播生态

对网络直播的讨论，可以利用生态学的观点，考察企业和平台内部在互联网产业以及在大的社会系统中如何运行、发展和进化。作为自然科学领域的专业类别，生态学影响了社会科学诸多领域，如经济学、社会学、传播学、语言学的理论发展。对生态的影响，反映出网络直播在互联网和社会中的结构性存在。事实上，网络直播并不仅仅是一个完整的直播产业链或整个互联网生态的一部分，它和其他互联网服务和企业一样，深深地嵌入我们当代的社会系统当中。

　　因此，对直播生态的理解，不能采取单一视角的理解方式，而需要把它置入社会系统中进行分析和考察。社会系统中，直播生态分为5个层次：用户、网络直播、互联网产业、社会规范及社会环境，如图4-1所示。这5个层次存在层层递进的关系，又可以衍生出网络直播与互联网产业、网络直播与社会规范、网络直播与社会环境、网络直播与用户4个部分的内容。

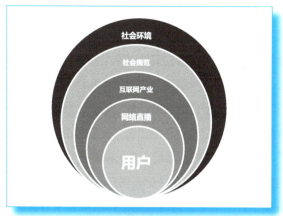

图 4-1　社会系统中的网络直播生态

（1）网络直播与互联网产业。这部分涉及直播平台作为互联网企业的特点，以及它在整个互联网生态中所处的位置和所发挥的功能。事实上，在今天的互联网生态中，一种互联网服务或产品并不是自成一体地孤立存在的。从技术到内容，从内容到社交网络，从社交网络到文化和经济，在信息传播和流动的过程中，它必然是跨领域和跨平台的存在模式。例如，从"互联网＋"到"直播＋"的发展，实际上是直播本身成为和互联网一样的媒介，在不同领域有所发展。网络直播并不等同于娱乐，因为它正在向"直播＋政务""直播＋旅游""直播＋教育"等领域拓展。

（2）网络直播与社会规范。社会规范包括官方的法律制度和平台自身的公约与服务协议等，作为强约束力的法律力量，它和互联网技术文化、经济力量合力形塑了网络直播的参与空间。官方的法律制度涉及不同的主体部门，如国务院、原文化部、工信部、网信办、原国家新闻出版广电总局和国家版权局等。平台自身的公约和协议则针对网络主播、观看者以及行业内部的同业者。网络直播虽然在一定程度上是一个存在多元文化的开放空间，但是在网络直播生态中这些限定性力量的存在，为直播行为和观看行为划定了合法的边界。

（3）网络直播与社会环境。与社会规范的制度化约束不同，网络直播嵌入社会系统当中，社会环境对网络直播的存在和发展也会发挥能动作用。具体表现为公众认知和社会舆论对网络直播行业及其相关从业人员产生负面看法，甚至存在社会偏见、刻板印象和污名化的现象，尤其在经历了初期的野蛮生长和低俗化的发展乱象之后，上述现象变得比较普遍。虽然相应的社会政策和监管机制相继出台，整治和清理了网络直播中的违规内容和主播，但刻板印象的消除是一个长期的社会过程（Social Process）。

（4）网络直播与用户。在这里，用户包括网络主播和观看者，他们都是网络直播平台的用户，同时受到法律法规和平台自身公约与用户协议的约束。网络主播和观看者之间还存在多元化且复杂的互动关系，并且从线上衍生到线下，例如，粉丝群和后援会的设立带动了所谓网红经济的发展，对整个文化经济的发展有所助益。此外，在一个完整的社会系统中，网络并不是直播发展的全部内容，直播平台不仅会向线下业务和相关领域拓展，网络主播本身也存在"主播—网红—明星"的发展模式或路径。

这4部分内容构成了网络直播在社会系统中的生态，就相互关系而言，各部分和层次之间是一种相互影响和共生的关系。直播行业的健康发展与进步，需要稳定和制度化的政策环境提供监督与规范引导，需要积极和谐的社会环境提供发展前景和空间。同时，需要成熟的软件和硬件技术，为直播的互联网连接、互动场景、在线互动提供迅速和稳定的服务。

一、网络直播与互联网产业

网络直播与互联网产业构成了直播生态的重要一环，如前文提到的技术文化、法律力量和经济力量。网络直播作为互联网产业的一部分，不仅包括硬件和软件技术，还包括内容制作、信息推广和传播等方面。就直播产业而言，虽然有的直播平台可能会负责内容生产，甚至拥有自己的公会和丰富的主播资源，但是因为运营成本巨大，因此一个直播平台很难既负责技术研发、提供硬件支持服务，又负责内容制作和推广营销。在一条完整的产业链条中，直播平台与许多互联网应用和服务都有密切的交集。

直播行业的分析报告对于直播的产业链有着非常专业的描述，在方正证券（2016 年）的分析报告中（见图 4-2），对直播平台涉及的用户、服务、硬件技术和其他媒体的相互关系描述得非常详尽，它提供了一幅产业运行和发展的动态网络图。但是，从主播的招募到用户的打赏，从硬件技术的研发到宽带服务的提供，这种产业链的网络图仅仅揭示了网络直播的内部生态，并没有将网络直播置于社会系统中考察。事实上，在产业链的每条关系链中，它们不仅受到行业内部的规则和机制的制约，同时也受到社会规范和社会环境的监督和限制。

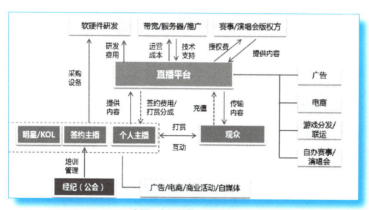

来源：方正证券，2016 年

图 4-2　直播的产业链

在直播和互联网产业所形成的生态链中，哪个部分都不构成产业链的终点，它们的运行及功能的发挥从属于其他产业链的某个环节。在后工业时代，各个行业之间存在高度的社会分工，由此带来的一个直接后果便是相互依赖属性的加强。此外，在直播平台的行业内部，各个平台的定位和发展方向有所不同，实际上也构成了一个网络直播的内生态系统。例如，可以根据直播平台运营的内容和主打方向分为七大板块：泛娱乐直播、游戏直播、秀场直播、直播＋、体育直播、教育直播与企业直播。

在这个内生态系统中，各个网络直播平台作为运营方（见图4-3），在专业内容的发展上有所侧重，各自面对不同的受众群体，在运营机制、赢利模式、产业链构成上也会有一定的区别。"直播＋"实际上蕴含了非常多的可能性，它拓展了不同领域的直播边界。除了前述的"直播＋政务"和"直播＋旅游"，还存在"直播＋传统文化"和"直播＋传统媒介"等形式。在这个意义上，直播并不是一种互联网信息技术或一个社交平台，它成为一种媒介化的力量，在形式上利用即时的音频和视频，包括图文的模式，可以对不同对象和领域实现再媒介化。

来源：易观，2018 年

图 4-3　不同的平台运营方

在文化经济中，根据网络直播丛的定义，直播与互联网产业这一部分构成了技术文化，是形塑网络直播参与空间的重要力量。各种产业分析报告虽然对网络直播作为行业或企业的运作方式提供了清晰和详尽的描述，但是在一个完整的直播生态中，我们仍需要在社会系统中理解网络直播这一对象，并考察它和社会规范及更宏观的社会环境之间的动态关联。

二、网络直播与社会规范

如前所述，网络直播由参与空间是由技术文化力量、经济力量和法律力量三者共同形塑的。在网络直播的生态中，就社会系统和社会环境层面而言，政府和法律力量发挥了非常重要的作用。互联网虽然是一个开放和多元文化的空间，但是所有参与者的行为都应该在限定的条件下展开，尤其是在法律许可的范围内进行，如图4-4所示。

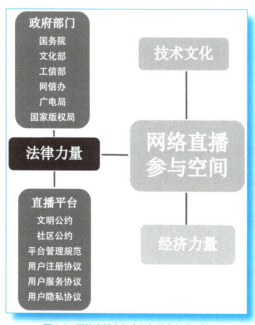

图 4-4 网络直播参与空间与社会规范环境

（一）网络直播的政府监管

在网络直播中存在多元主体的情况，包括网络技术提供者、直播平台、内容生产者和用户等主体。相关的法律规范的制定和发布也存在多元主体，在国家机关层面，有国务院、原文化部、工信部、网信办、原广电总局、国家版权局等部门；在企业层面，网络直播平台及整个行业也会有针对性地发布行业自律公约，以及提出相应的用户服务协议来补充和完善网络直播的监管和规范。

因为网络直播是在一定的互联网基础上发展起来的新媒介，所以许多针对互联网的法律和规范同时也适用于网络直播的监管和规范。例如，国务院早期发布的《中华人民共和国电信条例》（2000 年）《互联网信息服务管理办法》（2000 年），文化部发布的《网络游戏管理暂行办法》（2010 年）《互联网文化管理暂行规定》（2011 年），广电总局发布的《互联网等信息网络传播视听节目管理办法》（2004 年），及国家版权局和工信部发布的《互联网著作权行政保护办法》（2005 年）等法规和条例。此外，还包括网络平台自身的服务协议与文明公约等内容，这些规定也对包括主播在内的直播用户进行约束。

值得注意的是，因为网络直播是一种较新的互联网传播形式，以往的法律规范虽然存在约束力，但是对一些新现象和行为的管理可能存在盲区。信息技术高速发展，与之并行的是风险和各种不确定性因素的增加。这种监管滞后的问题，需要通过更新和升级相关法规和管理措施来解决。事实上，因为互联网是一个发展迅速的领域，滞后性的问题成为一个全球性的挑战，而非单一国家和单一领域的事情。例如，2018 年 5 月欧盟推出的《通用数据保护条例》（General Data Protection Regulation，GDPR），对数字环境下隐私和数据进行保护，这一条例是对 20 多年前的《计算机数据保护法》的更新升级。此外，2012 年，澳大利亚针对结合了文字、图像和音乐等形式的全媒体（Convergent Media），制定了内容分级的新规范（Classification-Content Regulation and Convergent Media, Australian Government, 2012）。这一新规范的提出涉及以下两方面原因：一是现有的内容审查和分级已经是 20 年前的产物，亟须更新和升级；二是为了适应媒体和消费领域高速的技术更新，以满足技术环境变化的要求。此外，出于保护儿童也是一个重要原因。电视、音乐、广告、电影和游戏这样的媒介对儿童影响巨大，需要对这种全媒体的内容进行规范和监督。

在国家机关层面，针对网络直播的兴起及其衍生的社会影响和问题，相关部门先后出台了一系列的规章制度。2016 年 7 月，文化部发布了《关于加强网络表演管理工作的通知》，重点监督网络表演经营单位和表演者落实责任；加强内容管理，依法查处违法违规的网络表演活动；对网络表演市场全面实施"双随机一公开"，即定期开展随机抽查，及时向社会公开查处结果，公布网络表演市场黑名单和警示名单。同年 9 月，广电总局发布了《关于加强网络视听节目直播服务管理有关问题的通知》，要求直播平台持有"信息网络传播视听节目许可证"才能开办视听节目直播，对直播平台有了资质方面的要求。

国家互联网信息办公室在 2016 年 12 月发布了《互联网直播服务管理规定》（以下简称《管理规定》），对直播平台、直播发布者及用户的活动进行约束和规范。规范要求互联网直播服务，应当遵守法律法规，坚持正确导向，大力弘扬社会主义核心价值观，培育积极健康、向上向善的网络文化，维护良好网络生态，维护国家利益和公共利益，为广大网民特别是青少年的成长营造风清气正的网络空间。

针对直播服务提供者，要求互联网直播平台应该配备与服务相适应的人员，健全信息审核、安全管理制度，并基于互联网直播的实时性，建立有效的监管机制和应急机制。建立健全的监督机制，对网络直播平台的技术能力提出了要求，在《管理规定》的第八条中，要求平台具备即时阻断互联网直播的技术能力，其技术方案要符合国家相关标准。事实上，对直播的管理规范不仅包括平台和直播者，还包括用户的评论和弹幕，要求有相应的人员进行实时管理。在进行互动的时候，要求用户遵守法律规范，文明理性互动。

文化部还制定了《网络表演经营活动管理办法》，以规范网络表演的市场秩序，促进行业健康有序发展。除了要求网络表演经营单位建立突发事件应急处置机制，还要求各个单位在每个季度提供自审信息。自审信息包括实时监测运行情况、发现问题及其处置情况和存在违法违规内容的表演者信息等。此外，还要求各个平台建立适当的举报机制以及互联网直播发布者信用等级管理体系，提供与信用等级挂钩的管理和服务；要求联网直播服务提供者应当记录互联网直播服务使用者发布内容和日志信息，并将这些数据保存时间不少于60日。这一要求比直播行业自律公约所规定的存留15天的标准更加严格，对直播平台的技术及硬件也提出了要求。

这些密集出台的一系列措施，对网络直播平台和直播用户提出了规范性的要求，一些中小型直播平台因为运营资质和技术能力达不到要求而逐渐被清退。这些严格的管理措施的推进和执行，对于整顿市场秩序、优化行业结构、规范行业发展提供了必要的外部环境支持。

（二）网络直播的行业自律

在互联网直播的企业层面，除了政府部门和行业组织所颁布的管理条例和规范，网络直播平台也需要通过自律推动整个行业规范化发展。2016年4月，优酷、六间房、映客、花椒、秒拍等网络直播平台企业联合发布了《北京网络直播行业自律公约》（以下简称《公约》），针对网络直播中存在的问题和乱象进行监管，落实主体责任。虽然是由企业牵头制定，但《公约》实际上对涉及直播的不同主体及其行为都进行了约束。

《公约》要求对所有主播进行实名认证，直播平台不得为 18 岁以下的未成年人提供主播注册通道，并在技术环节的设计上，规避弄虚作假的注册行为；建立严格的黑名单制度，对于违反国家法律法规的直播内容，如涉黄、涉暴、涉毒等内容，情节严重的，采取封号等处理方式；建立黑名单的平台共享机制，避免被封禁的黑名单主播在其他平台上注册直播账号开播。此外，还强调网络平台对主播的培训和引导，向已注册主播明示国家法律法规，使其在进入直播前具备一定的法律基础和意识，在日常管理中对主播进行语言、形体、表演等方面的培训，引导其提供健康、积极、形式多样的直播内容。因为是网络直播平台联合制定和发布的《公约》，在内容上体现了平台自身的特征和一些技术治理的特色。例如，在直播间添加水印（logo 和时间）及相应的技术标准，以及对直播内容进行一定日期的数据保存。

根据北京网络文化协会的信息，《公约》发布之后，在落实一个多月的时间里，包括六间房、映客、花椒、秀色、陌陌等直播平台基本完成了主播实名认证、水印添加和直播存储的公约要求。在主体责任的履行上，采取了全天 24 小时的监管和应急处置措施。2016 年 6 月发布了第一批网络直播违规主播名单，涉及 9 家平台，共处理主播 40 名。[1]

此外，各个直播平台在自己的网站首页都发布了适用于所有主播及用户的《文明公约》，还提供了 12318 全国文化市场举报平台的链接（见图 4-5），以规范平台秩序、营造良好的直播环境。它们在大方向上保持一致，但是在一些细节上存在区别。例如，"Now 直播"发布的《文明公约》对 6 个方面进行限制和约束，既包括直播内容也包括违规行为和身份，如涉及政治或违法的内容、低俗的色情内容、惊悚的暴力内容、广告营销内容、低质量内容或其他不合规行为。其中，对不合规行为的规定非常细致

---

[1] 《互联网文化管理暂行规定》：2011年3月21日，见http://www.bjwlwh.cn/news/shownews.php?lang=cn&id=79.

和严格，涉及以下几方面内容：严禁露出纹身，严禁在床上躺着或趴着进行直播，严禁未经校方授权的情况下直播涉及学校教学的内容，严禁在平台直播未经授权的电影、电视、游戏等内容，严禁在驾驶中直播等。这种严格的规定一方面是平台自律的表现，另一方面也暴露了监管的难度。有的涉及版权方面的问题，有的涉及日常生活中的不文明行为。

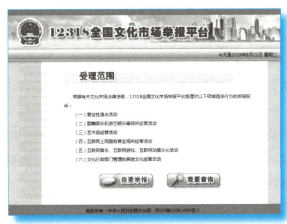

图 4-5　直播平台网页中提供的 12318 举报平台的链接 [1]

　　各个平台都有自己的直播文明公约，花椒直播在 2017 年 8 月发布的《花椒直播平台绿色直播文明公约》由二十三条规定构成，目的在于打造绿色、健康、文明、积极向上的直播平台。这二十三条规定涉及对违法违规内容的封禁，以及对一些易于引起社会不适和不良观感的直播进行限制。此外，还涉及精细化的管理和处罚机制。对于违反严禁行为的，花椒直播平台将采取有所侧重的惩罚方式，从禁言、删除信息、警告和停播，到处以 1 小时、12 小时、1 天、2 天、3 天、7 天、30 天封禁直至永久封号的处罚方式。

　　许多直播平台都根据主播和内容违规的程度，进行从轻到重的处罚。这些处罚方式根据平台直播的技术特征来进行。战旗直播作为主打

---

[1] 12318全国文化市场举报平台，见http://report.ccm.gov.cn/.

游戏的互联网直播平台，其规范条例根据直播用户的违规程度，分别采取弹窗警告、直播间停播 2 ~24 小时，直至永久封号，情节严重者转交司法机关处理。在违禁行为的规定上，除了内容上的违法违规，还禁止购买虚拟人气，根据游戏直播的特点，规定了游戏直播画面在直播页面中所占的面积大小。

　　对于秀场类直播，在早期的直播乱象中，较易出现色情或各类"擦边球"的现象。在各方治理之后，对主播有着更为严格的规范要求。就直播平台而言，对直播内容、主播动作和着装都有着严格的规定。以"六间房"在 2018 年 6 月更新的秀场直播最新管理规定为例（见图 4-6）。首先，在内容规定上，严禁内容包括 13 项，从严禁播放低俗的具有诱惑力的音频、视频和图片内容到禁止出现吸烟、塔罗牌算命和宣传彩票等内容。其次，针对主播动作也做了严格的规定，从禁止模拟色情动作和诱惑性、挑逗性表演到禁止表演过程中长期不出现头部。最后，在着装和仪态方面，对上装、裤装、坐姿都有严格的标准。

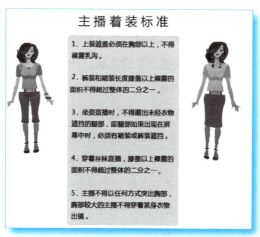

图 4-6　六间房秀场最新管理规定及说明[1]

---

[1] 六间房：《秀场最新管理规定及说明》，见http://www.6.cn/event/help/index.php?type=20&_tra_=index-iqhue3bu.

可以看到，在官方和直播平台企业两个层面，为互联网直播的内容、行为、运行机制、监督举报机制设定了明确和具体的规范要求。官方机构作为外部规范性力量，结合企业内部的自我约束和平台协议，为网络直播的健康运行提供了一系列的行为准则。短期来看，密集出台的政策和措施虽然会对某些互联网企业造成不适，但是这些政策措施可以弥补管理滞后的问题。在形成成熟稳定的政策环境之后，将有利于互联网直播企业的发展，并且推动积极健康直播文化的形成。

三、网络直播与社会环境：刻板印象和语境变迁分析

（一）网络直播刻板印象来源：行业负面事件、未成年人打赏、主播不当言行

除了官方和直播平台企业内部制定的各种规范造成的影响，整个社会环境对网络直播也有重要的影响。在发展之初，经历了直播乱象之后，社会和公众极易对这种互联网产品或服务产生刻板印象，消极刻板印象的形成不利于互联网直播产业的发展。许多刻板印象一经形成，想要扭转，将是一个长期的过程。

1. 行业负面事件与网络直播刻板印象

最近两年关于网络直播负面事件的报道，在社会上引起了轩然大波。这些负面事件对网络直播平台和官方管理部门提出了监督和治理要求。自 2016 年起，我们看到一系列管理措施和要求出台。在网络直播负面事件中，有的是因为色情内容，包括涉嫌性行为和故意裸露行为。一些网络主播为了成名而没有底线，通过暴力和色情进行炒作。有的负面事件涉及网络直播的侵权行为。例如，某直播平台对未经官方授权的游戏比赛进行直播，侵犯了拥有独家转播权的企业的利益。在游戏直播

中，还存在作弊行为，如代打游戏和使用"外挂"等，不仅破坏了游戏的公平性，而且对观看直播的用户而言也是一种严重的欺骗行为。网络直播高速发展，平台和企业为了吸引流量，一些天价的挖角事件也多有出现。短期来看，明星主播的加盟为直播平台带来了流量，但是这些天价挖角实际上破坏了直播行业的健康生态，变相增加了整个直播行业的成本和负担。在新闻媒体中，我们也经常看到各种关于签约主播因为跳槽而被起诉的新闻。

2. 未成年人使用网络直播与高额打赏问题：家长和行业的协同

未成年人使用网络直播也是近年社会关注的热点问题之一。在观看内容方面，包括不适合未成年人观看的网络直播；在使用直播方面，包括长时间过度观看网络直播的行为、模仿网络直播存在风险的行为，以及未成年人使用父母手机或者银行帐号的巨额打赏行为。相关事件的新闻也曾见诸报端，引起了社会关注。尤其是未成年人在家长不知情的情况下对网络主播进行高额打赏，这类事件不仅对社会造成不良的影响，也引发了越来越多的法律问题。例如，家长监管责任和平台责任的厘清问题，它们也在法律界和学术界引起关注和讨论。

在今天的移动互联网时代，未成年人观看、使用、参与网络直播已成为一种多发现象，对其中潜在的风险及相关问题的监督、监管和治理，需要在政策、制度、技术和社会层面进行综合把握。根据《法制日报》中法律界人士提供的建议，针对未成年人的巨额打赏行为，提出了以下五项措施：第一，家长需要管理好自己的银行和社交网络账号，从源头上避免未成年人错误地使用这些账号。第二，网络直播平台在与网络主播签约的时候，要明确告知对方应负的责任，避免在直播中发生违法行为。第三，直播平台还需要完善对打赏的监管，明显区分观看和打赏功能；对打赏者进行认真甄别，设置打赏上限，通过一些辅助方式提醒和拦截未成年人巨额打赏事件的发生。第四，对整个行业而言，需要严格规范市场，在事前、事中和事后做到监管，严禁网络主播诱导用户打赏。第五，家长需要落实对未成年人的监护责任，使其养成健康上网的和消费的习惯。[1]

事实上，自 2016 年起，官方密集出台了一系列的网络直播规范措施，对行业和平台进行监管，同时网络直播行业和平台也在不断完善自己的监督与规范机制，以做到行业自律与健康发展。例如酷狗直播在技术上运用 OCR（文字识别）、人脸核身（人脸识别）等技术手段对主播进行实名认证，采取实时监察播出内容等管理手段，并引用第三方信用平台提供的高规格技术协助，对主播进行再次认证。同时，平台采用黑、灰名单制度，对主播的违规行为采取不同程度的处罚，开放公众举报通道[2]。

综合来看，容易受到不良信息和内容的影响，是未成年人观看和使用网络直播面临的主要问题。从国外保护未成年人使用互联网的经验来看，对不良信息的过滤和消除是极为重要的措施。2017 年，欧盟委员会联合互联网和媒体公司、社会组织与联合国儿童基金会（UNICEF），致力于打造更好的儿童和青少年互联网环境。在互联网环境的塑造上，虽然包括对儿童和青少年网络素养的提升，但是对互联网内容的监管是非常重要的一环。包含不良信息的互联网内容对未成年人的影响具有长期性和隐蔽性，不易被及时发现和纠正，更为迫切的是，需要在源头进行治理，营造一个对未成年人适宜的健康的互联网环境，这也是各大网络直播平台高度重视的领域。

对于未成年人巨额打赏的问题，不同领域的专家已经给出了许多建议。例如，清华大学法学院教授程啸认为，监护责任是父母对未成年人子女的法定责任，父母是避免未成年人非理性网络消费的第一责任人。

---

[1] 中国青年网：《未成年人巨额打赏频发》，2017年3月26日，见http://news.youth.cn/jsxw/201703/t20170326_9355618.htm.

[2] 《中国文化报》：《酷狗直播，从源头打造绿色直播环境》，2018年8月1日，见http://epaper.ccdy.cn/html/2018-08/01/content_238357.htm.

如果家长平时疏于监管孩子的网络消费行为，也未对网络支付密码等有效保管，甚至对孩子上网不加干涉，出现孩子非理性网络消费，则家长难辞其咎[1]。司法部司法研究室副主任李富成认为保护主体分第一线和第二线，首先未成年人也需要保护自己，当然未成年人还不够成熟，那么就应该是他的家长负起必要的责任，家长保护也是为了让孩子自我觉醒和成长。对于保护未成年人权益，网络文化产品的提供者与网络服务平台，以及政府和社会均具有相应的责任[2]。

可以从以下三个层面进行概括：第一，在政策层面，通过相应的政策措施完善监管和规范机制。第二，在行业层面，发挥自己的技术优势，区分观看和打赏功能，以资质审核、即时消费提醒等方式，在技术手段上阻止未成年巨额打赏的行为。同时，强调平台和行业的自律发展，规范主播的言行，避免对未成年人的诱导消费。第三，在家长和社会层面，通过必要的教育和学习，引导未成年人合理分配时间与健康上网。

3. 主播行为规范与网络直播刻板印象

许多负面新闻和事件并不是发生在在线平台。明星主播在线下的出格言论和有争议的行为，也导致网络直播刻板印象的形成。许多网络主播虽然使用互联网昵称来给自己命名，但是在拥有庞大的粉丝群成为网红后，其影响力也从线上扩展到了线下。社会对公众人物的责任观感，对网红也提出了同样的要求。2018年2月，国家网信办对直播平台和网络主播进行专项清理整治，依法关停了一批直播平台，封禁了一批影响恶劣，并在直播内容中涉毒、涉暴、低俗恶搞、宣扬错误价值观的网络主播。未成年网民的身心健康容易受到网络直播中一些出格的言行和错误价值观的影响。

1　《人民日报》：《"熊孩子"巨额网络消费，谁之过？》，2018年8月6日，见http://paper.people.com.cn/rmrbhwb/html/2018-08/06/content_1872835.htm.

2　光明网：《网络文化消费法律问题研讨会在京召开 网络消费立法需平衡政策监管与行业发展》，2018年5月22日，见http://topics.gmw.cn/2018-05/22/content_28917860.htm.

从发展机制上看，在对网络直播的规范治理上，针对直播平台的发展乱象和直播内容的违规违法，网络直播平台企业、行业和官方部门相继出台规范措施。层出不穷的网络直播或网红负面事件造成的社会不良观感，在一定程度上倒逼这些规范和监管措施的出台。在监管措施出台及相关机制落实之前，野蛮生长的网络直播一度成为资本市场的宠儿，吸引了一大批有主播梦的青年人，以及有不同需求的直播观看者，但是乱象和负面新闻营造了整个行业的刻板印象，导致这一行业和主播存在污名化的现象。

显然，存在偏见、刻板印象和污名化的社会环境对网络直播的发展前景非常不利。这个时候突出了规范市场和行业的重要性，尽管因为资质和监管的要求提升了企业运营成本，一些网络直播平台在升级和发展过程中可能会经历一个短暂的阵痛期。事实上，在一些关于网络直播的行业分析报告中，虽然提到了政策风险，但是普遍认为随着监管的逐步完善、行业自律的加强，网络直播将向更健康和更积极的方向发展。

值得注意的是，稳定的政策环境和相应监管规范机制的完善，在制度上保证了网络直播的行业发展前景，社会环境也对网络直播提出了严格要求，尤其是当偏见、刻板印象和污名化等情况存在的时候。社会环境并不像行业一样可以通过法规的制度化措施来进行治理，社会偏见和刻板印象的淡化和消除是一个长期的，甚至存在波折的社会过程。

（二）语言环境中的网络直播刻板印象

1. 语境中的偏见

事实上，我们可以从一些网络直播相关的名词上看到社会偏见、刻板印象和污名化的存在。以"网红"为例，他们在社会环境中容易被贴上了一些负面的标签，如低学历、"整容脸"、私生活混乱、拜金主义等；在网络中，也易于和各种负面新闻联系在一起。在早期网络直播中，因为 UGC 的门槛较低，所以存在大量粗制滥造的内容。此外，关于泛娱乐和泛生活化的内容直播，制作并不精良，画面无美感。加上各种网红主播负面热点事件和社会舆论的发酵，网红主播的社会印象并不好，甚至存在污名化的现象，网红主播被视为"Low 文化"的代表。

本课题组在调研中发现，因为"网红"的负面刻板印象，许多主播实际上拒绝被人贴上网红的标签，他们更愿意自己被称为"达人"。一般而言，"达人"指精通某一领域并在这一领域出类拔萃的人物。与网红相比，这一设定带有积极和正面的价值色彩，因而受到网络主播的青睐。

网红群体的构成非常多元化，从职业特点来看，他们属于互联网文化经济下的创意者，本身也可以成为创意阶层的一部分。这一现象并非中国所独有，21 世纪初"创意阶层"在美国兴起，按照 Florida（2012）的观点，创意者阶层在经济生产中信奉创造新理念与创意内容，美国三分之一的雇员属于这一阶层，他预测未来数十年，这一群体还将持续增长。在中国，随着互联网尤其是移动互联网的应用和普及，以及自媒体时代来临，在一些专业技术门槛较低、主要依靠个人创意的行业，如短视频、网络文学、漫画等领域，每个人都有可能成为能产生经济效益的网络创意者。但是从职业特点来看，网络创意并不是一个相对稳定的职业，自雇佣成为主要就业方式。此外，他们大多经历从业余、兼职慢慢走向专业、全职发展的道路，一部分人获得认可而成为职业创意者，而另一部分则维持不稳定的工作形式（黄斌、向勇，2017）。

2. 语境的变迁与去标签化：新语境下理解"网红""打赏"

需要指出的是，网络直播的刻板印象和污名化，是在特定的语境下发生的现象，它与地方性的社会情境存在密切的关联。例如，网络主播的英文是"live streamer"，在中国香港、台湾地区流行"直播主"的叫法，这些是相对中性的表达方式，它们缺少"网络直播"所蕴含的社会意涵。又如网红的英文——"online celebrity"，翻译成中文就是"线上名人"的意思，在表述上也比网红更加中性。这种因为语境的不同而带来表达意义上的变化，在一定程度上反映了社会情境或环境的重要能动作用，它影响了如何对人群分类及人群间的标签化属性。另一个和网络直播高度相关的术语"打赏"也存在相似的语境问题，它对应的英文"give a reward"可以翻译为"给予奖励"。但是在中文语境下，"打赏"具有悠久的历史，在影视和文学作品描述的打赏或领赏画面，一般存在社会权力上的等级区别，由达官显贵构成的上等人对下人们的劳作或表现给予物质上的奖励。显然，这个带有特定含义的词语进入互联网时代，仍在一定程度上体现了它固有的历史含义。

但是，在互联网时代，媒介的变化总会带来语言和语意的变迁，在语言学家看来，这是一个自然而然的过程。不仅会出现新的术语，旧的词汇也被注入当代的含义，从而完成词义上的再造。事实上，随着网红经济的发展，有研究认为"网红"这一名词的意涵已经发生了变化，甚至开始向中性词转变。与一般刻板印象不同的是，网红在当下并不是以往大众认为的靠哗众取宠或以牺牲人格尊严为代价的小众群体，而是转变为一个中性词。在今天的语境下，网红指那些依靠个人才艺或技能在互联网上走红的人，他们依托互联网成名，在各自擅长的领域依靠内容生产吸引了大批粉丝关注，并把这些粉丝转化为可以赢得经济效益的力量（吴小飞，2017）。

虽然"网红"给人以负面的印象，但是在针对许多网络主播或从业人员的调查中，这一群体自身的素质其实并不低。根据陌陌在2017年发布的报告，46%的主播接受过大学教育。此外，近六成的主播对自己的未来有明确的规划，其中，25.3%的人希望成为平台顶尖主播，14.3%的人希望成为专业歌手或演员，13.6%的人希望成立工作室打造个人 IP。专业化的发展方向及多元化的拓展内容不只是网络主播的努力方向，平台本身也在这些方面进行积极探索和尝试，以整合资源，进行线上和线下的发展。许多拥有庞大粉丝群的网络主播，确实也在向明星之路迈进，并通过参加综艺节目、出演电视剧和电影等形式完成角色的进化。

（三）网络直播刻板印象改变的复杂性

社会环境对网络直播的形塑、一些刻板印象和污名化的现象不仅仅由直播发展过程中的负面事件或新闻所主导。实际上，在一个完整的社会系统中，不同的职业和角色背后涉及文化资本、经济资本和社会资本三种资本的配置形式，决定了他们在社会系统或结构中的位置。

我们可以借用布迪厄的场域理论来理解职业和角色背后的社会张力。布迪厄对阶级的考察认为，阶级的分类并不在于资本总量、性别、年龄、种族、出生背景、收入和教育水平这类属性的总和，而是由相关属性之间的关系结构所决定的。布迪厄对文化资本的理解，拒绝采取单一定义的方法，认为存在不同及相互竞争模式的文化资本。一种形式的文化资本表现为纯粹的美学，对形式的追求超过了对功能的追求。以知识分子和先锋艺术为代表，他们追求纯粹的抽象化。与之相反的是，在日常生活中追求简单和便利的快乐、进行炫耀性消费。在布迪厄的理论中，资本形式的文化是构成阶级关系的核心，它不仅指示了阶级地位的构成，也指示了阶级之间的界限何以可能。

显然，在网红和网络主播这类职业和角色背后，还涉及不同文化资本之间的竞争，以及传统媒体和新媒体两个场域之间的结构性张力。网络歌手的出现，被认为挑战了传统的专业歌手。在历史的发展中，他们也分别在不同的媒介中演出与发展。同时，传统媒介也会给网红歌手机会，使之从线上走到线下。网络主播与传统媒介中的主播也存在这样的关系，专业歌手接受了专业、系统的训练，在业务水平和职业发展上与网红歌手有较大的差别。网络直播平台和主播向线下的拓展有利于打破这样的职业壁垒，最终实现角色的进化与转变。

社会规范可以为网络直播提供正式的规范治理，并在制度化之后形成稳定的政策环境，从而有利于网络直播的健康发展。但是社会环境具有非正式的特点，作为舆论力量，它同样具有极强的能动性，可以形塑网络直播的发展。对网络直播的刻板印象和污名化的标签式理解，对网络直播平台和行业构成了挑战。一些相关职业和角色也被贴上了负面的标签，经过对乱象的治理之后，相对规范的网络直播和网红经济的发展，有利于淡化直至甩掉这样的刻板印象。直播平台通过自身的努力来改善社会的观感和氛围，从而塑造一个有利于自身的社会环境，这将是一个长期的过程。

四、网络直播与用户：主播、观众、公会、平台的交互

在网络直播的生产链条中，主播与观看者（观众）作为平台的用户，是重要的行动者。主播作为内容制作者和提供者，可能隶属于某个公会或演艺经纪公司。这种已经签约的主播，在专业化程度和软件支持上与个体草根主播存在较大的区别。在调研过程中发现，直播平台也存在直接和主播签约、直接和公会签约两种形式。一些直播平台为了发展，延伸产业链，成立隶属自己企业的公会或者经纪公司。公会和经纪公司的存在分担了直播平台的管理成本与压力，使平台可以专心于平台技术和产品服务的发展。此外，公会和经纪公司还可以为主播提供专门化的技能训练与指导，进而改善直播质量，实现内容升级。公会和经纪公司这种形式的出现，意味着网络直播在向专业方向探索。网络直播中

相关主体如图 4-7 所示。

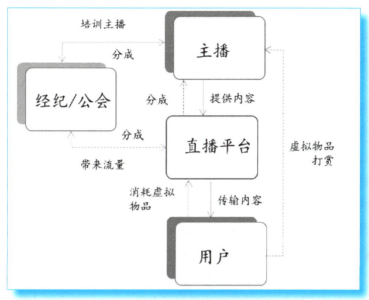

图 4-7　网络直播中的相关主体

　　直播平台为观看者提供了和主播及和其他观看者之间进行互动的参与空间。当然，在直播丛的概念中，参与空间的形塑有不同力量参与。直播平台提供技术和界面上的支持，为社会互动的实现搭建了一个场景。观看者作为内容接收者，以购买虚拟礼物的方式，可以回馈或激励网络主播在直播中的表现。在这种形式的互动过程中，具有不同层次文化需求的观看者满足了自己的需求。此外，线上并不是互动的全部领域。网络主播和粉丝之间的互动还会拓展到线下。举办直播节或年度盛典的模式已经成为许多直播平台的标配。

　　当然，网络直播的社交属性，不仅存在于主播和粉丝观看者以及粉丝和粉丝之间的互动上，还可以通过技术实现"连麦互动"或主播 PK（对决）的功能，使主播之间进行互动，吸引更多的粉丝前往观看。同时，可以利用智能手机的定位功能，拓展更多的社交应用。在网络直播的生态中，主播、直播平台和用户之间的关系，并不限于在线或移动网络的直播平台。在直播文化中，它还可以带动一定的社群文化生成，如前文对直播文化的讨论，Twitch 把打造社群文化当作自己的发展目标之一。一方面，对用户而言，通过观看直播，与主播和其他粉丝互动，可以实现他们的文化和身份认同的表达；另一方面，在文化经济中，它也是实现利润转化的生长点，甚至带动网红经济的发展。

事实上，许多拥有庞大粉丝数量的明星主播都在微信或 QQ 中拥有自己的粉丝群，并经常以"某某家族"或"某某军"来强化这样的身份认同属性。在发展和互动模式上，明星主播已经和娱乐圈或演艺界的明星没有太大的区别。从这个意义上说，网络主播已经具有相当程度的社会影响力，对粉丝群具有强大的号召力，具有成为意见领袖的可能。

如图 4-8 所示，网络直播的用户也是一个角色丛的概念，它包括和直播平台签订服务协议的网络主播和观看者。其中，观看者又可以分为粉丝和普通观看者。更重要的是，在这个角色丛的概念中，观看者、粉丝和主播之间的角色是可以实现相互转换的。所谓"全民直播"，即每个人都有直播自己生活和技能的权利和可能。观看者也可以由偶发的行为转变为某个主播的粉丝。在文化经济中，粉丝经济的发展体现在角色转换这样的动态关系中。当然，其中存在一种辩证的关系。在短期内，观看者因为新鲜感，会在一定时间里使用网络直播，但是随着对内容的熟悉和厌倦，这个时候观看者可能由日活用户，变成月活用户，最终变成不再使用网络直播的人。用户的变化对直播内容的创新提出了要求，一部分内容需要向 PGC 转化，完成内容升级。在这个转化过程中，对网络主播也提出了同样的要求，需要一位草根主播，经过适当的训练和教育，成为具备一定专业技能的主播。

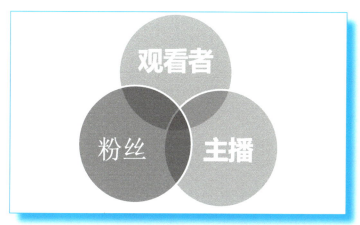

图 4-8　观看者和主播的动态关系

　　在网络直播和用户构成的生态系统中，主播的发展和进化已成为各大平台积极探索的方向。在"网络主播—网红—明星"的发展路径中，从草根到网红，再从网红向明星之路迈进，互联网和直播平台发挥了赋能者的积极角色。

5

第五章

网络直播行业规范化及版权问题

一、网络直播行业的规范化

直播现象的出现是一次技术上的进步，但在它作为一个产业成长、一种文化传播、个体生活的一部分融入社会的时候，人作为主体穿梭在网络虚拟空间和现实社会之间，极大地模糊了虚实世界的边界，使得技术进步的影响早已超出技术本身，技术进步带来的数量巨大的信息内容、日益扩大的影响力和影响范围也给公共监督尤其是政府监管带来了新的挑战。

同时，不同层次的文化需求通过直播平台的渠道得到释放。在直播行业野蛮发展的阶段，一方面，出现了一些挑战道德和法律的内容和行为，这些现象对网络环境造成了伤害，在社会上产生了恶劣影响。对引发广泛关注的直播案例进行归纳，可以将其分为以下类型：重口味、大尺度、无下限的低俗内容，淫秽涉黄内容，暴力冲突虐待内容，违法吸毒内容，侵权内容，主播吸毒、发表不当言论、造谣、高危行为致人伤残，组织赌博等行为。这些内容很容易通过网络广泛传播，若不加管控，则会对社会的文化环境造成威胁，尤其是对青少年的精神甚至健康造成不良影响，引起了社会公众的警惕。另一方面，早期发展阶段部分平台还对违禁内容存在纵容现象，在一定程度上降低了社会对于行业的信任度。同时，平台自身也存在欠薪、侵权、恶性竞争、欺骗用户、数据造假等不良行为。这些被社会公众诟病的直播乱象是直播行业负面形象的最主要来源，在干扰社会正常运行的同时，也使直播行业面临沉重的社会舆论压力，影响了直播行业的发展。

野蛮生长时期的放纵虽然能在短时间获得大量的用户关注并且获利，但其部分不良的社会影响反而给整个行业的发展增加了阻力，走向规范化是直播行业稳定发展及获得社会认可的必然趋势。为了直播行业的长远发展，形成健康的网络直播生态、满足规范化的基本需求是各方达成的共识。

目前，直播领域出现的不良现象基本可以归为直播内容中存在违反公序良俗或违法违规的现象；直播行为、活动本身存在违法违规的现象；主播个人行为存在违反公序良俗或者违法违规的现象。因此，规范化的核心对象是主播和平台。现有的对直播行业进行规范的主要行为主体是政府及行业协会，社会公众也发挥了舆论监督作用。近年来，各方对直播的规范管理不断推进，实现行业客观改善的同时，也在推动规范化的各方之间形成一定的互动特征。总的来说，目前对直播行业的规范化，形成了以问题导向为主的、自上而下的运作机制。以政府为主导、以行政法律监管统领各方规则制定及监察实践；以行业协会为桥梁，以行业自律公约为共同约束，以信息共享为工具机制；以平台为核心责任主体，以平台规则制定、直播内容监测及平台日常管理为直接规范手段。在实现直播行业规范化运营的实际运作中，政府主导，协会协调，企业落实，相互联动，形成一个完整的应对机制。

（一）政府：行政法律监管

政府是对直播行业进行规范管理的主体，主要职能为行政法律监管，包括制定政策法律法规以及行政执法监管。政府对直播行业的规范化管理经历了一个由针对问题的约束性管控到长效规范机制建立的过程，呈现常态化、全面化与高要求的趋势，同时监管力度大、条件限制严格是持续特征。直播行业具有以下特点：由于个体化生产特征明显，故产品数量巨大；即时性传播，产品发布前难以审核；受众在线者不确定且数量无上限，潜在的社会影响力巨大；通过网络渠道传播，资料极易保存，并导致二次传播扩散恶劣影响等生产传播特征。直播行业从出现之时起就引发了政府的警觉，属于重点监察对象。政府近年来不断重拳出击，对直播行业开展了专项治理行动，进行政策法律法规相结合的规范管理。

1. 专项整治行动的开展

专项行动是政府规范直播行业的重要手段，与政策的制定相互协调，在政策出台前专项行动是政府进行行业清理整顿的主要措施之一，在政策出台后是政策落实的重要抓手。直播行业早期乱象引发社会关注和警觉后，政府各部门就开始了相应的监督行动，开展随机、定期或突击检查、调查，并进行处罚。相关政策法规的出台是各部门对规范直播行业治理思路的厘清，是为应对现实问题进行的较为全面的总结，为监管查处工作提供了指导原则和明确的规定。同时，政策出台的后续工作及时，各部门通过下发通知、约谈相关企业向各平台强调政策法规的原则，助推政策法规的真正落实。由于直播行业涉及的领域广泛，出现的违规类型也不单一，因此参与行政执法的政府部门也较多，主要涉及的部门有原文化部、网信办、"打黄扫非"办公室、原广电总局、公安部等部门。

2016 年 4 月，文化部针对两类违规情形：演艺类直播平台提供含有宣扬淫秽、色情、危害社会公德内容的网络表演，以及游戏直播平台提供含有赌博、暴力、教唆犯罪内容的游戏进行查处，19 家网络直播平台被列入查处名单。[1]

2016 年 7 月，文化部公布第二十五批违法违规互联网文化活动查处结果。此次查处工作与网络表演平台自查自纠相结合，对网络表演内容进行集中清理。依法查处了 26 个网络表演平台，关闭严重违规表演房间 4313 间，整改违规表演房间 15795 间，解约严重违规网络表演者 1502 人，处理违规网络表演者 16881 人。[2]

2016 年 7—10 月，公安部网络安全保卫局对网络直播平台进行专项整治，共清理违法信息 3.6 万条。公安机关依法永久封禁账号 100 万余个，关停违规直播间 1000 余个，对"同游圈""金融道""游戏风云"等 14 家违法违规网络直播平台进行警告并做限期整改、停业整顿等处罚。[3]

2016 年 12 月 30 日，国家网信办、文化部、广电总局组成联合检查组对网络直播进行专项检查。封禁违规主播账号 3 万多个，关闭直播间 9 万间，删除有害评论弹幕 5000 万余条。[4]

2017 年 4 月，国家网信办依法查处违法违规行为，关停下架"红杏直播""蜜桃秀""酸果直播"等 18 款违法违规直播类应用。[5]

2017 年 2 月，文化部部署了对网络表演市场的双随机执法检查。重点

---

[1] 中国新闻中青在线：《文化部查处斗鱼等19家网络直播平台将设黑名单》，2016年4月14日，见news.cctv.com/2016/04/14/ARTl9hL0BK3Z8iLDOlmCSmmY160414.shtml.

[2] 中国新闻网：《文化部查处26个网络平台关闭4313间严重违规表演房间》，2016年7月12日，见http://www.chinanews.com/gn/2016/07-12/7936031.shtml.

[3] 凤凰娱乐中国青年网：《网络直播界遭整改，14家违法违规网络直播平台被处罚》，2016年10月14日，见http://minsheng.youth.cn/mszxgch/201610/l20161014_8747547.htm201.

[4] 观察者网：《国家网信办等3部门联合检查，大力整治网络直播乱象》，2016年12月7日，见http://news.zol.com.cn/618/6180946.html,

[5] 千龙网：《红杏直播、蜜桃秀、酸果直播等18款直播类应用被关停》，2016年12月31日，见http://tech.sina.com.cn/i/2016-12-31/doc-ifxzczff3488026.shtml.

清理和整治价值导向错误、淫秽色情、低俗、封建迷信等禁止内容。2017年5月，文化部针对网络表演经营单位开展了集中执法检查和专项清理整治，抽取50家主要网络表演经营单位开展"全身体检"式执法检查。经查，"在直播"等15家网络表演平台涉嫌提供含有禁止内容的网络表演。责令关停10家网络表演平台，行政处罚48家网络表演经营单位，关闭直播间30235间，整改直播间3382间，处理表演者31371人次，解约表演者547人，并部署开展对部分主要网络表演经营单位的集中执法检查。[1]针对手机表演平台违规行为多发的问题，开展手机表演平台专项排查，排查手机直播应用10562款。在专项排查的基础上，部署全国29个省（自治区、直辖市）的文化市场综合执法机构开展查处工作，处罚20家手机表演平台，立案调查"楠楠""热门""妙妙"等23家手机表演平台，关停"悟空TV"等11家手机表演平台。严查"星夜"平台含有淫秽内容的网络表演，吊销濮阳市新艺文化传媒有限公司的《网络文化经营许可证》，关停网络表演平台。部署主要互联网应用商店开展手机表演平台专项清理，腾讯、百度、阿里等主要互联网应用商店严审手机表演平台主体资质，对存量手机表演平台进行专项清理，删除或下线手机表演平台应用软件291款，不予上线的应用软件544款，责令补充主体资质材料973项，核实变更主体信息的应用软件38款。文化部同时部署主要网络表演经营单位开展专项清理，共关闭直播间11929间，整改直播间18977间，处理表演者31347人次，解约表演者9721人。为进一步加强网络表演市场内容监管，继续形成和保持高压态势，在前期集中执法检查的基础上，开展网络表演"回头看"集中执法检查，对100家主要网络表演平台进行"回头看"随机抽查，重点整治网络"三俗"，查处含有禁止内容的网络表演。[2]

[1] 中国青年网：《文化部严管网络表演市场，50家主要经营单位被"全身体检"》，2017年5月24日，见http://news.youth.cn/jsxw/201705/t20170524_9865875.htm.
[2] 文化部通报：《一批违规网络和手机表演平台被查处、关停》，2017年6月30日，见https://www.sohu.com/a/153355603_155679.

2017 年，全国"扫黄打非"办公室开展"净化行动"也对直播行业的整顿治理高度重视，"净网 2017"集中开展违法违规网络直播平台专项整治。2017 年上半年，关闭违法违规的直播平台超过 70 家，1879 名严重违规主播被纳入"永久封禁"名单。截至 2017 年 5 月 20 日，北京、江苏等地行政处罚关闭"夜魅社区""微笑直播"等一批"涉黄"直播平台，广东、浙江、江苏、北京、山东、福建等地对"LOLO""老虎""蜜直播"等十多个传播淫秽色情信息的网络直播平台进行了刑事立案侦查，案件查办进展顺利。浙江打掉"老虎"直播，处罚和刑事处理包括"黄鳝门"女主播在内的 15 名涉案人员；湖南打掉"狼友"等直播平台，抓获包括涉黄主播东北"水仙二嫂"在内的 12 名涉案人员。[1]

2018 年 1 月下旬至 3 月中旬，北京市开展网络游戏专项整治行动。其中，对网络直播游戏的主播重点监看。本次网络表演市场整治行动主要分为自查自纠、全面整治、总结宣传 3 个阶段，以北京、天津、上海、浙江、重庆等网络表演经营单位较多、网络表演市场发展较快的地区为重点。在专项整治期间，文化部部署各地依法查办一批网络表演典型案例，关闭一批出现导向问题、内容格调低俗、不具备运营资质的网络表演平台，封禁一批违法违规情节严重的网络主播。[2]

2018 年 2 月，国家网信办会同工信部关停下架"蜜汁直播"等 10 家违规直播平台；把"天佑"等纳入网络主播黑名单，要求各直播平台禁止其再次注册直播账号；各主要直播平台合计封禁严重违规主播账号 1401 个，关闭直播间 5400 余个，删除短视频 37 万条。[3]

2018 年 4 月，全国"扫黄打非"办公室部署"净网 2018""护苗 2018""秋风 2018"等专项行动。在开展的"净网 2018"专项行动中，

[1] 《光明日报》：《触目惊心！盘点 2017 那些倒下的直播平台》，2018 年 1 月 8 日，见 http://www.sohu.com/a/215300381_697916.

[2] 直播观察：《2018 游戏直播平台半年报：洗牌正加速，转型为求生！》，2018 年 7 月 24 日，见 http://www.sohu.com/a/243001835_738359.

[3] 国家网信：《1401 个主播账号被封杀！关闭 10 余家网络平台！"平底锅"小样账号解封，重返快手办首秀。晒众网红刷礼金额！》，2018 年 2 月 16 日，见 http://www.sohu.com/a/222970446_672481.

查处违法违规网络直播平台，取缔地下网络直播平台，打击传播淫秽色情信息的平台和违法直播聚合软件。全国"扫黄打非"办公室会同公安部挂牌督办涉网络直播平台传播淫秽色情信息重点案件 20 余起，向各地"扫黄打非"部门核发违法违规网络直播线索 269 条，各地对 30 个网络直播平台进行立案调查。浙江、湖南、江苏、山东、广东等地分别查办了一批有影响力的直播平台"涉黄"大案要案，部分案件顺利侦查完结或取得重大进展，打击效果明显。[1] 开展"护苗 2018"专项行动，发现并清理网上涉及少儿的非法有害出版物及信息，重点清查问题较多的网络游戏、网络直播、短视频、教育类 App 等领域，确保网站、互联网应用软件等不传播危害未成年人健康成长的内容。[2]

2018 年 4 月，国家网信办依据《网络安全法》《互联网信息服务管理办法》《互联网直播服务管理规定》等法律法规，要求"快手""火山"暂停有关算法推荐功能，并将"王乐乐""杨青柠""仙洋""牌牌琦""陈山"等违规网络主播纳入跨平台禁播名单，禁止其再次注册直播账号。[3]

2018 年 4 月，全国"扫黄打非"办公室召集 YY、斗鱼、花椒等 18 家互联网公司相关负责人明确监管要求。会议要求平台履行企业社会责任，落实企业主体责任，在追求经济效益的同时兼顾好社会效益。[4]

2018 年 4 月，文化和旅游部组织开展网络表演、网络游戏市场集中执法检查，手机表演平台传播渠道、网络表演市场禁止内容及网络游

---

1 新华网：《严打网络淫秽色情信息，涉黄直播平台案件查办成果突出》，2018年8月16日，见http://www.xinhuanet.com/politics/2018-08/16/c_1123281897.htm.

2 《经济日报》：《"净网2018""护苗2018""秋风2018"专项行动全面展开》，2018年4月9日，见https://baijiahao.baidu.com/s?id=1597252653731743242&wfr=spider&for=pc.

3 大河网：《网信工作2018上半年进展，24件大事你一定要知道！》，2018年7月10日，见http://baijiahao.baidu.com/s?id=1605676513887833897&wfr=spider&for=pc.

4 新榜：《全国"扫黄打非"办公室要求网络直播及短视频企业》，2018年4月12日，见https://www.admin5.com/article/20180412/843259.shtml.

戏市场禁止内容是此次集中排查的重点。在对腾讯、百度、阿里等主要互联网应用商店的手机表演平台专项清理中，共排查手机直播应用软件 4939 款。其中，删除或下线手机表演平台应用软件 370 款。北京米可世界科技有限公司、上海度珞信息科技有限公司、辰宇科技（福建）有限公司等 14 家单位由于伪造网络文化经营许可证被列入黑名单，他们提供的 57 款手机表演平台等应用被下线，并实施全行业信用惩戒，相关线索移交有关部门处理。对 30 家网络表演平台开展集中执法检查，目前已排查出危害社会公德、宣扬暴力等禁止内容问题 190 个，涉及直播间 110 间，后续检查和查处工作还在继续进行。网络游戏市场对"楚留香""恋与制作人"等 50 款网络游戏产品进行集中排查清理。[1]

2018 年 5 月，国家广播电视总局网站发布消息，近一个月以来，微博、秒拍、斗鱼等短视频和直播网站，以及腾讯视频、优酷、爱奇艺等综合性视频网站，组建专项清查团队，集中对涉黄、格调低俗、宣扬暴力、恶搞经典、歪曲历史、非法剪辑拼接等问题节目进行清理，自查清理下线问题音视频节目 150 余万条，封禁违规账户 4 万余个，关闭直播间 4512 个，封禁主播 2083 个，拦截问题信息 1350 多万条。[2]

2018 年 6 月，全国"扫黄打非"办公室约谈网易云音乐、百度网盘、B 站、猫耳 FM、蜻蜓 FM 等多家网站负责人，要求各平台大力清理涉黄或低俗内容。[3]

除了大力开展专项行动，相关政府部门也在持续对属于自己监管范围内的违法违规直播活动进行查处。可以看到，专项整治行动对清理整

---

[1] 央视新闻：《重拳！斗鱼等30家直播平台、50款网游被集中检查》，2018年4月17日，见 http://baijiahao.baidu.com/s?id=1597998629855079719&wfr=spider&for=pc.

[2] 经济日报百家号：《一批社会直播和短视频网站开展自查，封禁主播2083个》，2018年5月10日，见http://baijiahao.baidu.com/s?id=1600050075817047773&wfr=spider&for=pc.

[3] A5创业网：《扫黄打非办约谈网易云音乐、B站等，要求清理色情低俗的ASMR内容》，2018年6月8日，见https://www.admin5.com/article/20180608/859025.shtml.

顿直播行业违法违规行为，在实际效力和对直播平台的威慑力上都具有较强的效果。当前，网络直播行业野蛮生长的混乱局面已经改变，逐步进入了稳定发展期。但是，政府的专项整治行动并没有放松，网信办、文化和旅游部等部门对于直播行业的严厉监管，目前仍在继续，直播平台被约谈、关停的事件仍时有发生。在目前严打重查的态势下，行业内部整体环境得到整顿，风气向积极正能量的方向发展，但个别主播仍存在违法违规的行为，个别违规小平台仍在暗中运营，一旦出现突破道德和法律底线的事件，会引发社会舆论关注，带来负面影响。直播行业实现净化、走下舆论风口、走向去标签化的常态发展、实现形象脱敏还有一段路要走。

2. 政策法律法规的制定

近年来，政府针对直播出台的规范性文件均停留在部门规章的层面。2016年7月1日，文化部出台了《关于加强网络表演管理工作的通知》。2016年9月国家新闻出版广电总局下发了《有关加强网络视听节目直播服务管理有关问题的通知》。2016年11月4日国家互联网信息办公室颁布了《互联网直播服务管理规定》，从12月1号正式实施。2016年12月2日，文化部印发了《网络表演经营活动管理办法》，于2017年起实施。2018年8月7日，全国"扫黄打非"办公室、工业和信息化部、公安部、文化和旅游部、国家广播电视总局、国家互联网信息办公室联合印发了《关于加强网络直播服务管理工作的通知》。文件的规范内容可以分为以下几个方面：

1）规范对象的界定

2016年7月，文化部出台的《关于加强网络表演管理工作的通知》对网络表演进行了界定：本通知所称的网络表演是指将现场进行的文艺表演、网络游戏等文化产品技法展示或解说等，通过信息网络实时传播或以音频、视频形式上载传播，供用户在线浏览、观看、使用或下载的产品和服务。

2016 年 11 月，网信办颁布的《互联网直播服务管理规定》对互联网直播进行了界定：本规定所称的互联网直播指基于互联网，以视频、音频、图文等形式向公众持续发布实时信息的活动；本规定所称互联网直播服务提供者指提供互联网直播平台服务的主体；本规定所称互联网直播服务使用者包括互联网直播发布者和用户。

2016 年 12 月，文化部印发的《网络表演经营活动管理办法》对网络表演的界定：本办法所称网络表演是指以现场进行的文艺表演活动等为主要内容，通过互联网、移动通信网、移动互联网等信息网络，实时传播或以音频、视频形式上载传播而形成的互联网文化产品。文化部对网络表演经验活动的界定：网络表演经营活动指通过用户收费、电子商务、广告、赞助等方式获取利益，向公众提供网络表演产品及服务的行为。将网络游戏技法展示或解说的内容，通过互联网、移动通信网、移动互联网等信息网络，实时传播或以音频、视频形式上载传播的经营活动，参照本办法进行管理。

2）资质审核行业准入

网信办要求互联网直播服务提供者提供互联网新闻信息服务的、开展互联网新闻信息服务的互联网直播发布者，应当依法取得互联网新闻信息服务资质并在许可范围内提供服务。通过网络表演、网络视听节目等提供互联网直播服务的，还应当依法取得法律法规规定的相关资质。

2016 年 9 月，国家新闻出版广电总局要求开展网络视听节目直播服务应具有相应资质：一是通过互联网对重大政治、军事、经济、社会、文化、体育等活动或事件的实况进行视频和音频直播，应持有新闻出版广电行政部门颁发的《信息网络传播视听节目许可证》且许可项目为第一类互联网视听节目服务第五项；二是通过互联网对一般社会团体文化活动、体育赛事等组织活动的实况进行视频和音频直播，应持有《信息网络传播视听节目许可证》且许可项目为第二类互联网视听节目服务第七项。未经批准，任何机构和个人不得在互联网上使用"电视台""广播电台""电台""TV"等广播电视专有名称开展业务。

2016年12月，文化部要求网络表演经营单位向省级文化行政部门申请取得《网络文化经营许可证》，许可证的经营范围应当明确包括网络表演。网络表演经营单位应当在其网站主页的显著位置标明《网络文化经营许可证》编号。

2018年8月，全国"扫黄打非"办公室等六部门联合下发的《关于加强网络直播服务管理工作的通知》，要求"网络接入服务"提供者不得为未履行ICP（网络内容服务商）备案手续、未取得相关业务许可的网络直播服务提供者提供网络接入服务。移动智能终端应用软件分发平台经营者不得为未履行ICP备案手续、未取得相关业务许可的网络直播服务提供者提供移动智能终端应用软件分发服务。

3）企业主体责任与监管要求

网络表演经营单位要对本单位提供的网络表演承担主体责任，对所提供的产品、服务和经营行为负责，确保内容合法、经营有序、来源可查、责任可究。平台应对直播进行内容和运营监管，包括内容审核、监督表演及技术监控等。

2017年8月，国家新闻出版广电总局要求开展网络视听节目直播服务的单位应具备相应的技术、人员、管理条件，以及内容审核把关能力，确保播出安全与内容安全；在开展直播活动前，应将相关信息报属地省级以上新闻出版广电行政部门备案。

2016年7月，文化部要求网络表演经营单位要健全内容管理制度，配足内容审核人员，严格监督表演者表演行为。要严密技术监控措施，网络表演经营单位应当建立内部巡查监督管理制度，对网络表演进行实时监管。网络表演经营单位向公众提供的非实时的网络表演音频和视频（包括用户上传的），应当严格实行先自审后上线。建立健全内容审核管理制度，配备满足自审需要并取得相应资质的审核人员，建立适应内容管理需要的技术监管制度。

网信办要求互联网直播服务提供者应当建立直播内容审核平台，根据互联网直播的内容类别、用户规模等实施分级分类管理，对图文、视频、音频等直播内容加注或播报平台标识信息，对互联网新闻信息直播及其互动内容实施先审后发管理。互联网直播服务提供者应当落实主体责任，配备与服务规模相适应的专业人员，健全信息审核、信息安全管理、值班巡查、应急处置、技术保障等制度。提供互联网新闻信息直播服务的，应当设立总编辑。

全国"扫黄打非"办公室等六部门的联合公告要求网络接入服务提供者应按照要求建立内容审核、信息过滤、投诉举报处理等相关制度。

4）应急与处置要求

网信办要求互联网直播服务提供者应当具备与其服务相适应的技术条件，应当具备即时阻断互联网直播的技术能力，技术方案应符合国家相关标准。互联网直播服务提供者应当对违反法律法规和服务协议的互联网直播服务使用者，视情采取警示、暂停发布、关闭账号等处置措施，及时消除违法违规直播信息内容，保存记录并向有关主管部门报告。

2016 年 7 月，文化部要求完善突发事件应急处置机制，确保能够第一时间发现并处置违法违规内容。一经发现含有违法违规内容的网络表演，要及时关闭表演频道，停止网络传播，保存有关记录，并立即向所在地省级文化行政部门或文化市场综合执法机构报告。网络表演经营单位应当建立突发事件应急处置机制。发现本单位所提供的网络表演含有违法违规内容时，应当立即停止提供服务，保存有关记录，并立即向本单位注册地或实际经营地的省级文化行政部门或文化市场综合执法机构报告。

全国"扫黄打非"办公室等六部门的联合公告要求建立 7×24 小时应急响应机制，加强技术管控手段建设，按照要求处置网络直播中的违法违规行为。

5）建立和使用黑名单的要求

网信办要求互联网直播服务提供者应当建立互联网直播发布者信用等级管理体系，提供与信用等级挂钩的管理和服务。互联网直播服务提供者应当建立黑名单管理制度，对纳入黑名单的互联网直播服务使用者禁止重新注册账号，并及时向所在地省、自治区、直辖市互联网信息办公室报告。省、自治区、直辖市互联网信息办公室应当建立黑名单通报制度，并向国家互联网信息办公室报告。

6）畅通举报的要求

网信办要求网络表演经营单位应当建立健全举报系统，主动接受网民和社会监督。要配备专职人员负责举报受理，建立有效处理举报问题的内部联动机制。要在其网站主页及表演者表演频道页面的显著位置，设置"12318"全国文化市场举报网站链接按钮。

2016 年 7 月，文化部要求畅通投诉举报渠道。

7）信息存留要求

网信办要求互联网直播服务提供者应当记录互联网直播服务使用者发布内容和日志信息，保存 60 日。互联网直播服务提供者应当配合有关部门依法进行的监督检查，并提供必要的文件、资料和数据。

2016 年 12 月，文化部要求网络表演经营单位应当记录全部网络表演视频资料并妥善保存，资料保存时间不得少于 60 日，并在有关部门依法查询时予以提供。

全国"扫黄打非"办公室等六部门联合下发的《关于加强网络直播服务管理工作的通知》要求网络直播服务提供者应当按照有关法律法规要求，记录直播服务使用者发布内容和日志信息并保存一定期限；对自己不具备存储能力且不购买存储服务的网络直播服务提供者，网络接入服务提供者不得提供服务。

8）报备和汇报要求

各网络接入服务提供者应按照要求通过"工业和信息化部 ICP/IP"地址 / 域名信息备案管理系统"，向通信管理局报送网络直播服务提供者的 ICP/IP 地址、域名等信息。

2016 年 12 月，文化部要求网络表演经营单位应当在每季度的第一个月月底前，把本单位上季度的自审信息（包括实时监运情况、发现问题处置情况和提供违法违规内容的表演者信息等）报送文化部。

9）清理及清查工作要求

全国"扫黄打非"办公室等六部门通知要求开展存量违规网络直播服务清理工作，网络接入服务提供者、应用商店应立即进行全面清查，要求未提供 ICP 备案手续或相关业务许可材料的网络直播服务提供者在两个月内补充相关材料。两个月后仍然无法提供相关材料的，应停止服务；对拒绝提供相关材料的，网络直播服务提供者应立即停止服务。

10）用户管理要求

（1）整体要求。

网信办要求互联网直播服务提供者应当与互联网直播服务使用者签订服务协议，明确双方权利义务，要求其承诺遵守法律法规和平台公约。互联网直播服务协议和平台公约的必备条款由互联网直播服务提供者所在地的省、自治区、直辖市互联网信息办公室指导制定。

（2）对互联网直播发布者的管理。

①开通表演频道的相关规定。

2016 年 12 月，文化部要求网络表演经营单位要加强对表演者的管理。为表演者开通表演频道的，应与表演者签订协议，约定双方权利义务，要求其承诺遵守法律法规和相关管理规定。网络表演经营单位为境外表演者开通表演频道并向公众提供网络表演产品的，应当于开通网络表演频道前，向文化部提出申请。应当于表演者开展表演活动之日起10日内，将表演频道信息向文化部备案。

文化部要求表演者对其开展的网络表演承担直接责任。表演者应当依法依规从事网络表演活动，不得开展含有低俗、色情、暴力等国家法律法规禁止内容的网络表演。表演者应当自觉提高职业素养，加强道德自律，自觉开展内容健康向上的网络表演。

②注册及实名制的相关规定。

文化部要求网络表演经营单位应当要求表演者使用有效身份证件进行实名注册，并采取面谈、录制通话视频等有效方式进行核实。网络表演经营单位应当依法保护表演者的身份信息。

网信办要求互联网直播服务提供者应当按照"后台实名、前台自愿"的原则，对互联网直播发布者进行基于身份证件、营业执照、组织机构代码证等的认证登记。对互联网直播发布者的真实身份信息进行审核，向所在地的省、自治区、直辖市互联网信息办公室分类备案，并在相关执法部门依法查询时予以提供。

（3）对普通直播用户的管理。

①完善注册系统并落实实名制。

文化部要求网络表演经营单位应当完善用户注册系统，保存用户注册信息，积极采取措施保护用户信息安全。网信办要求互联网直播服务提供者应当按照"后台实名、前台自愿"的原则，对互联网直播用户进行基于移动电话号码等方式的真实身份信息认证。

②对弹幕的管理。

文化部要求加强对用户互动环节的管理。

网信办要求互联网直播服务提供者应当加强对评论、弹幕等直播互动环节的实时管理，配备相应管理人员。互联网直播发布者在进行直播时，应当提供符合法律法规要求的直播内容，自觉维护直播活动秩序。用户在参与直播互动时，应当遵守法律法规，文明互动，理性表达。

广电总局要求开展重大活动、事件的实况直播时，不得开通弹幕功能；开展一般性活动、事件的直播时，如果开通弹幕功能，就要配备专门审核人员对弹幕内容进行审核；发弹幕时，要求落实用户真实身份信息注册。弹幕内容应当符合国家法律法规规定和社会公序良俗。

11）具体直播内容要求

文化部要求重点查处那些提供禁止内容等违法违规的网络表演活动，包括提供含有《互联网文化管理暂行规定》第十六条规定的禁止内容，或利用人体缺陷或以展示人体变异等方式招徕用户，或以恐怖、残忍、摧残表演者身心健康等方式，以及以虐待动物等方式进行的网络表演活动；使用违法违规文化产品开展的网络表演活动；对网络表演活动进行格调低俗的广告宣传和市场推广行为等。以偷拍偷录等方式，侵害他人合法权益的；使用未取得文化行政部门内容审查批准文号或备案编号的网络游戏产品，进行网络游戏技法展示或解说的。

广电总局要求直播节目应坚持健康的格调品味，不得含有国家法律法规规定所禁止的内容，并自觉抵制内容低俗、过度娱乐化、宣扬拜金主义和崇尚奢华等问题。

网信办要求互联网直播服务提供者及互联网直播服务使用者，不得利用互联网直播服务从事危害国家安全、破坏社会稳定、扰乱社会秩序、侵犯他人合法权益、传播淫秽色情等法律法规禁止的活动，不得利用互联网直播服务制作、复制、发布、传播法律法规禁止的信息内容。互联网直播发布者发布新闻信息，应当真实准确、客观公正。转载新闻信息应当完整准确，不得歪曲新闻信息内容，并在显著位置注明来源，保证新闻信息来源可追溯。

广电总局对直播节目内容、相关弹幕发布，以及直播活动中涉及的主持人、嘉宾、直播对象等作出了具体要求。

12）政府内部行政执法制度安排

文化行政部门和文化市场综合执法机构要依据《互联网文化管理暂行规定》坚决予以查处，没收违法所得，并处罚款；情节严重的，责令停业整顿直至吊销《网络文化经营许可证》；构成犯罪的，依法追究刑事责任。将违法违规网络表演经营单位列入黑名单或警示名单。对提供违法违规网络表演的表演者，地方文化行政部门和文化市场综合执法机构要责令所在网络表演经营单位关停表演者频道，并及时将违法违规表演者的信息和证据材料报送文化部。文化部根据情形，将违法违规表演者列入黑名单或警示名单。对列入黑名单的表演者，禁止其在全国范围内从事网络表演及其他营业性演出活动，具体时限视违法违规情节轻重确定。

文化行政部门负责将黑名单通报同级有关部门，并建议实施联合惩戒，强化对违法违规网络表演经营单位和表演者"一处违法，处处受限"的信用监管。各级行业协会要在本行业协会范围内，对列入黑名单的网络表演经营单位和表演者予以通报并抵制。文化部要求各级文化行政部门和文化市场综合执法机构要加强对网络表演市场的事中事后监管，重点实施"双随机一公开"。要充分利用网络文化市场执法协作机制，加强对辖区内网络表演经营单位的指导、服务和日常监管，制定随机抽查工作实施方案和随机抽查事项清单。县级以上文化行政部门或文化市场综合执法机构，根据查处情况，实施警示名单和黑名单等信用管理制度。及时公布查处结果，主动接受社会监督。同时，对网络表演市场全面实施"双随机一公开"。

各地文化行政部门和文化市场综合执法机构要立即对本行政区域内的网络表演经营单位开展一次调查摸底，全面掌握网络表演经营单位情况。在此基础上，充分利用网络文化市场执法协作机制，对网络表演市场全面实施"双随机一公开"，定期开展随机抽查，及时向社会公布查处结果，公布网络表演市场黑名单和警示名单。

各地文化行政部门和文化市场综合执法机构要抓紧制订网络表演随机抽查工作实施方案和随机抽查事项清单，以现场检查、网络巡查为主要抽查方式，以网络表演内容为抽查重点。对投诉举报较多的网络表演经营单位，要加大随机抽查频次，重点监管。要利用全国文化市场技术监管与服务平台，记录随机抽取的检查对象、执法检查人员、检查事项、检查结果等，做到全程留痕，实现过程可溯源、责任可追溯。

文化部负责全国网络表演市场的监督管理，建立统一的网络表演警示名单、黑名单等信用监管制度，制定并发布网络表演审核工作指引等标准规范，组织实施全国网络表演市场随机抽查工作，对网络表演内容合法性进行最终认定。

国家互联网信息办公室负责全国互联网直播服务信息内容的监督管理执法工作。地方互联网信息办公室依据职责负责本行政区域内的互联网直播服务信息内容的监督管理执法工作。国务院相关管理部门依据职责对互联网直播服务实施相应监督管理。各级互联网信息办公室应当建立日常监督检查和定期检查相结合的监督管理制度，指导督促互联网直播服务提供者依据法律法规和服务协议规范互联网直播服务行为指导督促互联网直播服务提供者依据法律法规和服务协议规范互联网直播服务行为。

全国"扫黄打非"办公室等六部门联合公告要求有关部门建立违法网络直播服务提供者黑名单，网络接入服务提供者应该核验网络直播服务提供者的 ICP、IP 地址和域名信息，不得为信息不一致、黑名单中的网络直播服务网站、App 提供网络接入服务。

13）引导行业自律

网信办鼓励支持相关行业组织制定行业公约，加强行业自律，建立健全行业信用评价体系和服务评议制度，促进行业规范发展。

文化部求要网络表演行业的协会、自律组织等要主动加强行业自律，制定行业标准和经营规范，开展行业培训，推动企业守法经营。

14）社会监督

网信办要求互联网直播服务提供者应当自觉接受社会监督，健全社会投诉举报渠道，设置便捷的投诉举报入口，及时处理公众的投诉举报。

15）未成年人保护

文化部要求网络表演经营单位应当加强对未成年人的保护，不得损害未成年人身心健康。有未成年人参与的网络表演，不得侵犯未成年人权益。

3. 小结

从整体上看，政府目前对直播行业采取的规范行为，呈现由强针对性、快速、严厉地解决具体问题到尝试建立常态化长效规范机制的良性变化趋势。但需要注意的是，一方面，目前政府针对直播行业规范的文件仍停留在部门规章层面，立法层级低，法律效力有限，缺乏宪法、基本法、行政法规、地方性法规等更高层次的立法，网络直播立法体系的构建缺少基本法律，限制了法律的效力，还很不完善。目前的规范性文件是各政府部门根据自身职责范围及治理需求而制定的，各自适用，分散立法，规定调节的是不同主体间的法律关系，缺乏统筹联系和协调，容易出现内容重复和监管空白，不仅使法律效力打了折扣，还降低了执法、司法实践的效率。另一方面，由于遵循问题导向的逻辑，目前的政策法规主要是应对已发生问题的措施汇总，缺乏宏观设计和长远规划，侧重结果要求，较少过程规范，整体风格重限制少引导，重在管控而缺乏服务。而现有的以许可、处罚等传统的刚性行政规制为主的手段因其强制性、命令性给直播行业造成了巨大的生存压力，缺乏对企业的合理保护。

　　另外，针对一开始就引发政府警惕的直播现象本身的生产传播特征，政府并没有找到有效的治理办法，目前的规定都是对已知发生的问题进行补救式的规范。尽管规定越来越全面、详细，监管力度持续加压，但因为直播的特征，政府的立法执法行动不可避免地带有滞后的局限性，并且无法做到毫无漏洞。尽管目前直播行业内出现违反道德法律的恶性事件在数量上与早期相比已大大减少，甚至对于直播行业监管的严格性已远超电视广播等传统行业，但由于直播行业每日持续生成的直播产品数量巨大，即使违法违规内容占比与传统行业相比已经很低，依旧会因为网络极强的放大效应产生广泛的影响。加之社会对于直播这一飞速发展的新生事物居高不下的关注度，一件负面事件的出现都会引起巨大并强烈的社会反响，这使得对于直播行业的规范似乎难以到达一个高效率的平衡点。政府的管理虽然出手迅速严厉，但是总显得被动，直播平台也承受着不断增加的监察压力及监管成本，生产发展受到严重影响。

　　事实上大多数文化产品或产物都很难在内容上做到绝对纯净，但是直播的特点和影响力的不确定性始终让政府难以放松警惕，在监管不断加码加压的过程中政府和企业耗费了巨大的成本和精力。如何看待和评估网络直播潜在的风险和影响，如何破解规范化的难题实现行业发展的正常化，如何面对社会中真实存在的需求并加以引导，是政府和企业都需要认真思考的真实而迫切的问题。

（二）协会：对外沟通和对内约束

　　行业协会成立于直播行业处于负面形象和监察困境之时，从最初的《北京网络直播行业自律公约》，到中国演出行业协会网络表演（直播）分会正式成立、发布《网络表演（直播）社会价值报告》，再到中国网络表演（直播）行业高峰论坛的举办和《2017 中国网络表演（直播）行业报告》的发布，以及 2018 年 11 月发布的《网络表演（直播）内容百不宜》（2018 年版），网络直播行业协会原本是为应对现实问题，合作以求生存发展而出现的，但在实践中逐步超越了问题导向的意义，为直播行业的规范和发展发挥了更为积极和丰富的作用：对内，促进行业自律；组织协调，落实国家政策，承担行业的社会责任，弘扬正能量；建立行业标准，规范行业发展。对外，与政府和公众沟通，发布行业报告，厘清行业发展定位。

1. 行业自律：北京市网络文化协会网络音乐与表演专业委员会和《北京网络直播行业自律公约》

自 2015 年下半年以来，直播领域的乱象引发社会的广泛关注，引起政府的高度重视，面临巨大的社会舆论、政府监察及企业自身寻求出路的压力，北京网络文化协会发起了议定自律公约的活动。针对当前直播平台存在的问题采取监管措施，落实主体责任，提出了共同遵守公约，实行添加水印、内容存储、主播实名认证、未成年人禁播、主播培训等举措，建立共享的黑名单制度，并展开自身自查活动。

2016 年 4 月 13 日，在北京市网络表演（直播）行业自律公约新闻发布会上，优酷、六间房、陌陌、秒拍、映客、花椒等 20 余家从事网络表演（直播）的主要企业负责人共同发布《北京网络直播行业自律公约》，承诺从 4 月 18 日起，在所有直播间内添加包括网站 Logo（或名称）和时间的水印；对所有直播内容进行存储，保存最高清晰度或最高码率的版本，存储时间不少于 15 天；所有主播实名认证；对所有主播进行包括实名信息提交、资料认证、面对面人工认证环节的实名认证、不为 18 岁以下的未成年人提供主播注册通道；加强对主播关于国家法律、法规，语言、形体、表演等方面的培训及引导；建立主播黑名单制度；对于播出涉政、涉枪、涉毒、涉暴、涉黄内容的主播，情节严重的，各公司除需要将此类主播封号外，同时要将该用户信息及违规视频证据保全，并上传至北京市网络文化协会数据库进行甄别。经确定属于黑名单范畴的，协会将黑名单下发至各直播平台，各直播平台一律不得为列入黑名单的主播提供直播空间；落实企业主体责任：即日起切实采取有效措施开展自查自纠，完善平台内部管理制度和内容审核机制。同时，各平台要配备足够数量的审核人员，对平台上的直播内容进行7×24小时实时监管。落实信息安全岗位责任和突发事件应急预案，人工及技术排查并举。

2016年6月1日，北京网络文化协会在北京市文化执法总队召开新闻发布会，通报了《北京网络直播行业自律公约》实施一个月以来的落实情况。通过直播平台自查自纠，40名违规主播因为直播内容涉黄被永久封禁。这次公约的发布和执行为直播行业内各平台联合实现行业自律、走向规范化做出了有益的尝试。

2. 行业价值导向：中国演出行业协会网络表演（直播）分会的成立和《网络表演（直播）社会价值报告》

2017年5月4日，中国演出行业协会网络表演（直播）分会在京正式成立。网络表演（直播）分会由23家从事网络直播的互联网平台和网络主播经纪公司共同发起，由中国演出行业协会在原文化部文化市场司的指导下成立。全国第一份网络表演直播行业白皮书《网络表演（直播）社会价值报告》在成立大会上正式发布。

这份网络表演（直播）行业白皮书，报告了以下几个内容：首先报告从年度营收情况、平台数量、用户规模介绍了网络表演（直播）行业发展现状，并指出行业快速发展的同时也伴随内容同质化、持续创作能力差、内容低俗化、直播行业经营成本高及对带宽的需求大等问题，存在行业生态总体上还比较脆弱、抗风险能力差的阶段性特点。该报告描述了直播行业自2016年下半年以来呈现的趋势：移动互联网普及带动直播用户增长；社交基因与直播业务深度融合；推动平台化与垂直化并行发展，以及内容生产走向专业化品牌化是必由之路。

之后，该报告通过充分的案例分析，列举了直播行业在促进经济社会发展上所具有的正向价值。认为直播行业是拉动文化消费升级、促进创业就业、助推经济结构优化的新动力，是大众创业、万众创新在网络文化领域的鲜活体现，具有分享经济的普惠特点，是普通人实现创新、创业、就业的低门槛平台和强大赋能器。直播行业主播人数已经达到百万级规模，实现了灵活方式就业。直播行业催生了主播职业，带动相关商品消费和产业发展，助力扶贫和农业发展，拉动宽带消费，带动需要技术支持的领域发展，催生主播经纪公司等新的产业链和商业形态。直播具有增强政府与民众互动、优化公共服务的天然优势。视频直播与医疗服务、生产监测、公益活动等领域相结合，将对提升公共服务质量、促进透明公开起到积极推动作用。直播能更好地发挥润滑社会、普及知识、传承文化的作用，是普及知识、提升国民文化修养和专业素质的有效手段。地方卫视、名人演讲、学术会议等纷纷采用网络视频直播形式，直播的低门槛极大推动全社会的知识生产、传播和分享，是互联网时代传播民族文化、传承传统文化的重要平台。作为当前文化娱乐消费的新形态，对用户可以起到较强的宣泄自我、转换场景、缓解压力、振奋精神的作用，达到润滑社会、缓解张力的效用。直播是网民丰富生活、联络情感、增强归属的有效形式。满足了年轻人丰富娱乐生活的精神文化需求，代表了互联网业务的未来方向。用户人群素质快速提升，也将带来内容生产和消费的主流化，成为直播内容去低俗、精品化、专业化的优良土壤。网络表演（直播）行业积极探索发展模式，将会显现更多社会公益价值。

该报告还提出了促进网络表演（直播）行业健康发展的举措，充分发挥对经济社会的正向价值，在依法规范的基础上，需要引导行业做更多正向价值探索，坚持鼓励支持与规范引导并重。加强体系化的审核力量和专门化的技术监测系统建设。积极推动正能量传播、发现和培育"红名单"网红。注重行业组织作为沟通桥梁的作用，积极开展行业自律。通过行业公约等方式主动加强行业自律，推动网络主播、直播用户增强守法意识，自觉维护直播秩序，形成直播行业网络生态化治理新模式，引领行业未来发展方向。支持直播向泛娱乐领域和专业化、垂直化方向发展，充分发挥行业正向价值。加强主播资质管理的同时，加强网络表演（直播）从业者的教育培训，加强对从业者情况的研究，在摸清底细的基础上多方位推动行业健康有序发展，提升企业国际竞争力。这份报告是行业向社会发声的有益尝试，为社会提供了更加全面客观地看待直播行业发展的真实资料。

3. 行业分析与弘扬正能量：中国网络表演（直播）行业高峰论坛和《2017 中国网络表演（直播）行业报告》

2018 年 1 月 18 日，中国网络表演（直播）行业高峰论坛暨 2017 网络直播年度盛典在北京举办。此次活动由中国演出行业协会指导，中国演出行业协会网络表演（直播）分会主办，北京中娱创想文化有限公司承办，红演圈、数美科技协办，并得到 YY、六间房、陌陌、一直播、快手、龙珠直播、秀色、哔哩哔哩、图普科技等企业的大力支持。中央网信办、原文化部相关领导出席论坛。

在主论坛上，分会联合中娱智库发布了《2017 中国网络表演（直播）行业报告》。该报告介绍了截至 2017 年直播行业在网络文化市场中的地位，包括营收情况、市场定位及社会功能；直播行业洗牌、经营主体优化及差异化竞争的情况；主播作为职业逐步得到社会理解，从业人员素质及职业认同感自信心得到提升；直播用户内容偏好更加显著，直播内容和形式呈现多样化的发展态势，成为吸引用户的核心条件，同时丰富了网民的文化生活；直播行业的营收模式走向多元化，资本对行业的信心不减，投资增加，经济带动作用显现；直播行业的产业生态链逐渐成形并走向完善，经营主体直播平台、内容供应商经纪、制作公司、技术服务提供商等上下游体系分工明确，使得内容技术监管等关键步骤得到落实并走向完善；在国内市场竞争日益激烈、用户规模出现增长瓶颈的情况下，直播企业纷纷走出去开拓国际市场，展开海外发展的尝试；各直播平台在正能量主题的传播上形成共识，在公益、扶贫、传统文化、政务服务等内容的展示和传播上进行了尝试和努力。这一报告的出台有利于直播行业自身及社会更好地认识目前直播领域的状况。

在论坛上，中国演出行业协会网络表演（直播）分会响应党中央"精准扶贫"的号召，正式启动"青禾计划"，直播平台和贫困县结成对口的帮扶关系，采用直播＋农村电商、文化扶贫、特色文旅、教育等多种模式，推动贫困地区产业扶贫发展进程。在主论坛上，欢聚时代、六间房、虎牙直播、一下科技与花椒直播5家平台分别与山西省永和县、临县、岚县、方山县及陕西省子洲县结成对口关系，签订帮扶协议。"青禾计划"的实行，显示了行业协会在组织企业配合政府工作方面的意义。

该论坛还召开了主播培养交流、直播＋演艺融合沙龙、直播技术创新三个结合行业热点设置的主题沙龙。其中，直播＋演艺融合沙龙邀请演出和直播两个领域的嘉宾进行对话交流，共同探讨传统演艺如何借助直播点燃新活力，线上线下人才如何对接，直播和演艺如何实现多点对接、双向融合等议题，旨在增进直播平台和演艺机构的相互了解，促进双方资源对接，推动行业融合双赢。企业在协会的组织下与其他行业对话。

当晚举行的2017网络直播年度盛典，揭晓了"创新案例""品牌公会""榜样主播"三大类六个重量级奖项。入围此次表彰的机构和主播由分会近百家会员单位严格筛选并重点推荐，由行业组织、媒体、科研院校、第三方机构代表组成的专家评审委员会集中评审，[1]评选出奖项。

---

1 星耀陇原组委会：《中国网络表演（直播）行业高峰论坛暨2017网络直播年度盛典在京召开》，2018年1月20日，见http://www.sohu.com/a/217986144_675947.

行业协会在进行规范的同时也起到了在行业内表彰典范、树立标杆的正向引导作用。

4. 行业标准的建立：《网络表演（直播）百不宜》发布

2018 年 11 月，由中国演出行业协会网络表演（直播）分会牵头组织，腾讯、YY、六间房、虎牙、陌陌、花椒、新浪微博（一直播）、斗鱼、酷狗、熊猫、映客、战旗等企业共同编写的《网络表演（直播）内容百不宜》(2018 版) 正式面向行业内发布。《网络表演（直播）内容百不宜》（以下简称"百不宜"）由网络表演（直播）分会牵头，通过广泛调研、联合企业一线内容审核负责人、行业研究机构和专家学者，参考了各项相关法律法规和数百个热点案例，历时半年时间完成。"百不宜"涉及政治、宗教、民族、公共秩序、社会文化、两性等多方面内容，还特别突出了未成年人、知识产权、个人隐私权等方面的把关要求，划出底线和红线，针对性、现实性较强。除了常规文字版，协会还专门制作了附带大量案例的 PPT 版本，务求使企业一线审核人员能够方便、快捷、准确地掌握各类要点并应用于实际工作。[1]

"百不宜"规范了直播平台主播的行为，以摒弃主播不宜行为为宗旨，针对各种违法违德等不良内容都有清晰、翔实的规范，推出后有望成为维护网络直播行业秩序的一套"行为准则"。同时，这本"百不宜"手册作为行业内容管理的"行规"，除了对企业、主播的行为具有明确的规范约束作用，对行业相关主管部门的监管和执法工作也将发挥积极作用。近期，行业协会已组织专家陆续赴四川、陕西、吉林、上海等地，协助当地文化市场监管部门、行业企业开展"百不宜"的宣讲培训工作。

5. 小结

直播行业协会最初形成的动机同样是行业问题导致的，从最初部分

---

[1] 《<网络表演（直播）内容百不宜>（2018版）正式发布》：2018年11月20日，见http://www.sohu.com/a/276772455_109401.

企业成立地域性行业组织、发布自律公约、进行自查自纠的联合治理尝试，到成立行业总协会、发布行业白皮书、举办年度行业论坛并发布年度行业报告，协会已经展现出了它超越规范行业初心的能动性。

首先，在规范管理方面，行业协会订立公约，组织企业展开监督自查，设立行业内部的黑名单、红名单制度，形成内部监督约束机制，提高规范效率。行业协会对于行业内部正面案例的评选和表彰，弥补了政府目前鼓励引导形式的缺失。行业协会的存在本身，也为政府引导行业自律提供了一个有力的抓手，使得行业自律的期待和任务有了可落实的行为主体。

其次，在与外界进行沟通互动方面，行业协会是直播行业自发形成的"官方"形象，在直播平台之上建立了一个可以与政府及社会公众进行沟通的实在主体，既具有行业代表性可以发表观点，又具有企业平台带动性可以落实要求，解决了单个平台无法互相代表或代表行业、缺乏可信度及影响力的问题，满足了直播行业的发声需求。行业协会的存在不仅可以实现直播行业与政府更好地沟通，明确政府的要求和期待，取得政府的信任，也为社会公众提供了一个更为直接和可信的认识直播行业的信息来源。行业协会的发声既能避免片面报道、保护直播行业的利益、赢得平台企业的信任，又能以政府认证的官方组织身份获取社会公众的信任，通过自身丰富的资料向外界展现更为真实、全面的直播业态，回应社会的关注，发出行业自身更为真实的声音。在行业协会的组织下，直播行业发布行业白皮书及年度报告，厘清行业目前的自身状况及发展定位的同时，也向外界发出了积极正面的声音。

在与外界沟通的同时，行业协会还起到了行业内部组织协调的作用，将政府和社会的期待和要求在行业内部各平台企业落实。例如，响应国家扶贫号召的"青禾计划"改善了直播行业在政府和社会眼中的形象。另外，行业协会可以更好地整合行业资源，对外牵头与其他行业领域增进了解并开展合作，对内组织企业之间的经验交流，共同破解规范监管、营收形式与直播内容创新等难题，寻找行业发展的突破口。

总的来说，网络直播行业协会的成立在目前已实现了：规范——行业内部约束监督；沟通——承接并明确政府及社会的期待和要求；发声——代表行业发出更为真实全面的声音，改善直播行业的社会形象，获得社会公众的理解和信任；组织——外部期待落实、内部资源整合等几大功能，并且展现出为服务行业发展而积极尝试的态度和能力，在促进直播行业走向行业自律的同时，也为直播行业摆脱发展困境、实现增长突破提供了更好的机会。

（三）平台：自律与管理机制的建立

平台是直播行业规范体系内最重要的责任主体，是被规范的核心对象，同时也是对直播内容和活动进行监督检查的第一道关口。直播平台需要承担社会责任，履行监察义务，其规范行为可以大致分为"直播开始前""直播进行中"及"直播结束后"。在直播开始前，平台设立管理规则，规范主播、用户行为及直播内容；在直播进行中，平台采用技术手段进行信息过滤和直播画面内容审查，及时发现违反道德法律的直播行为并及时采取关停直播间等措施；在直播结束后，平台制定应急措施，关注相关消息，及时处理平台及主播出现的负面行为，积极配合政府工作，展开相应主题的整治行动。目前，直播平台对于直播内容和活动的规范依据主要来自相关的政策法规。政府出台的政策法规则为平台提供了具体的管理要求，划定了红线。

近年来，政府出台相关政策后，行业内居于主流的大直播平台纷纷发声表示支持，认为这有利于解决直播行业目前存在的棘手问题。设立行业底线，建立行业秩序，有利于行业的稳定健康和长期发展，符合民众的期待，表达了拥护和配合的态度。平台在日常运营中将政府规定和行业公约的各项要求细化和落实。

1. 规章制度的建立和管理机制的运行

直播平台制定规章制度，在开始直播前对主播和用户的行为及直播内容进行规范。规定具体违规行为的同时明确规定处罚措施，为平台的管理提供明文规定。大部分平台规章制度的主要内容为规定平台和用户的权利及义务，通过主播入驻协议，对平台与主播的关系进行界定和规范；通过用户服务协议，规定平台与普通用户的权利义务关系，并说明相关的处罚和奖励措施，但在规定的详略程度上存在差异。

首先是基础规定，即各直播平台普遍制定了的规章制度，如违规行为及处罚办法，见表 5-1。

表 5-1 直播平台对违规直播内容和行为及相应惩罚措施的规定

违规程度	违规行为（包括但不限于）	处罚措施
严重违规行为	破坏国家统一、民族团结、社会稳定的：发表反党反政府言论，做出侮辱诋毁党和国家的行为，危害国家安全，泄露国家秘密，颠覆国家政权，损害国家荣誉和利益的，煽动民族仇恨、民族歧视，破坏国家宗教政策，发布谣言，扰乱社会秩序	立即停止直播权限，限制手机号开播，限制设备开播功能，或永久禁封账号；扣除当月全部收益、佣金、虚拟货币等处罚，保留移交司法机关的权利
	涉黄：直接或间接传播淫秽色情信息、进行露点或色情表演的行为	
	暴力犯罪等违法行为：贩卖传播或展示枪械、毒品或其他管制物品；参与、教授、传播赌博；组织、宣传、诱导用户加入传销、教唆犯罪、煽动非法集会	
	扰乱平台秩序：冒充官方的行为；平台挖人、外站拉人、买卖账号、买卖平台虚拟货币	
	游戏直播外挂或直播禁播游戏	

违规程度	违规行为（包括但不限于）	处罚措施
一般违规行为	色情相关：言语、着装、音乐、动作、图片、视频等均有具体规定	根据违规程度或次数进行警告、扣除佣金、中断直播、限制直播功能、取消分类推荐等处罚； 处罚越重禁播时间越长，罚款越多，取消分类推荐时间越长
	涉政涉及政治歪唱国歌或以军旗、党旗、国旗等背景直播；在军事区域直播或穿着国家机关人员、军队的工作制服；使用国家机关的名称、标志或国家领导人形象作为个人资料、头像、昵称等	
	反科学、封建迷信：算卦、占星占卜、塔罗牌、佛牌、看风水、碟仙、笔仙、筷仙等	
	危害社会公德：暴粗口、谩骂，抽烟，喝酒	
	侵害他人隐私的录像、偷拍，未经当事人同意而公开泄露他人隐私信息	
	宣传不良价值观，包括但不限于：拜金主义、贪污、受贿、婚外恋、一夜情、同性恋及其他使人消极颓废的行为	
	恐怖、灵异、惊悚内容	
	危险驾驶、违法驾驶	
	侵犯知识产权：播放未经授权的影视剧、综艺、赛事	
	冒充媒体、电视台、记者等名义进行直播活动	
	危害、虐待动物	
轻微违规行为	直播过程中长时间挂机等消极行为，包括但不限于黑屏挂机、长时间定格同一或相似画面、播放直播录像等	
	涉及推销任何物品、服务，或者变相推销任何物品或服务等广告行为	
	高危行为、自残	
	诈骗	
	私人广告需审核	

其次，一些平台还对直播质量、特殊内容等做了专门规定。例如，千帆直播在合法合规直播行为的基础上对直播质量加强了规范力度，规定主播的妆容、房间背景、声卡红外视频和麦克风等设备的提前测试等开播条件应符合一定要求，还对无内容直播、不与用户交流等行为作出了规范，并且要求主播在直播时充分展示自己的才艺去带动房间气氛，了解站上及房间各项功能，指引玩家注册，引导消费者去充值。积极参加站上各种文艺活动，配合千帆完成活动内容。部分平台甚至对直播画面构成制定了规范，例如，斗鱼要求主播在直播画面中放置的文字内容，均不得影响观众观看。放置的位置必须在直播画面四角的任意一角，并且不得超过屏幕的 1/10，违规扣 1 分；直播画面不得出现图片信息的广告内容，如二维码、商品图片等，如有需要，必须经过工作人员审核通过，违规扣 1 分；QQ 号、QQ 粉丝群等主播个人的联系方式必须为文字形式，放置在直播画面四角的任意一角，并且不得超过屏幕的 1/10，违规扣 1 分；支付宝二维码、支付宝账号、商务合作方式均不可出现在直播间，违规扣 1 分等。

部分直播平台除落实相关政策法规的要求之外，还将扰乱本平台直播活动的行为定为违规行为，如宣传其他平台、播放其他平台直播画面等。

其他平台对专业内容的直播领域也有专门规定，要求主播在开播前向平台申请相应资质。例如，斗鱼规定鉴宝类直播以及直播内容与特殊行业、具有较高专业知识要求的行业（如医生、律师等）相关的，需先联系客服进行报备。对特殊内容的直播也做了专门规定，例如，斗鱼平台对于金融板块的管理规范：所有关于股票的直播间必须在屏幕显眼位置挂上风险提示，风险提示内容为"股市有风险，入市需谨慎。所有言论只代表个人观点，供爱好者交流，不构成投资意见。禁止一切私下交易，欢迎向官方举报！"凡涉及交易规则的内容必须符合国家法律法规。主播在直播间提到的股票，仅做交流之意，不得自称任何形式的"老师"，引导观众产生任何违法交易行为。直播间必须在醒目处挂上风险提示，如"投资有风险，入市须谨慎"等；禁止主播以任何形式向用户承诺和保证收益、夸大宣传和虚假宣传、使用引导用户的过激性词汇，包括且不限于"买入在即""抢进""马上建仓""抢购""开盘追击""大胆扫货""即将爆发""跳楼"等详细内容。对于数码板块的管理规范：主播的配置单或文字信息不得超过播放器的1/4，文字颜色必须统一且必须放在页面的左侧，违规扣1分；严禁出现"问配置""预算""专业""买""卖"字眼的标题，违规扣1分；严禁在播放器上长时间放置价格清单，或在配置单下面注明价格，违规扣1分；严禁出现零互动的流水线装机行为或挂机行为，直播过程中不得向观众推销产品，违规扣1分，等等。

除根据政府规定对直播用户进行实名制、建立黑名单之外，部分平台还制定了具有自身特色的管理机制。例如，YY直播在页面开通YY学院直播支持社区，提供违规详解和违规查询两项服务。其中，违规详解内容包括直播禁忌、安全防范、热点科普、主播养成4个模块，分别从直播时禁止的行为活动、信息辨别、直播热点、如何做一名主播4个方面进行视频讲解，帮助主播快速进入直播行业和提高直播质量。

斗鱼在2016年2月实行直播间扣分管理办法，对所有主播执行驾照模式的量化计分扣分管理方式。扣分系统总分值为12分，管理期间将针对主播的违规行为进行相应扣分：当主播直播间得分低于4分时（包括4分），系统将关闭该直播间的礼物、酬勤系统，超管将重点关注该直播间；当直播间得分为0分时，永久封停该直播间。同时扣分结果记入斗鱼主播档案，并作为签约的重要依据。如果主播直播间分值低于12分，在整改后成功规范自己的直播内容、言行举止，并在连续3天的直播过程中，无扣分、无违规行为，表现良好，可加1分。

2. 直播中的监察审核及处置

直播中的监察和内容审核是直播规范最重要且最具有挑战性的部分，这一环节需对违法违规的直播内容进行直接过滤并及时处置，大量的直播源和全天的持续时间给直播平台带来了技术和人力投入的双重挑战。对此，直播平台需要完成的基本任务是识别和处置违规内容及存储视频信息。

对于违规内容的识别和处置，大部分平台采用技术审核和人工审核相结合的手段，大型头部直播平台均建立了专业的审核人员队伍，配备具有相应专业知识和技能的专职审核人员进行审核工作，在上岗前就对其进行培训，任职期间还会定期或不定期进行考试，并且在突发事件之后通过召开会议对其进行通知。在工作期间，审核人员实行 24 小时 3 班倒的工作制度，在人工审核时，根据直播内容分类进行在线审核，通过数据访问量的变化监视平台的异常情况，重点关注并检查访问量剧增的直播间。一旦发现违反国家法律法规、违背公序良俗的内容，第一时间根据违规行为的程度，对相关账号处以删除违规内容、禁言、提醒、停播、短期封禁以及永久封禁等惩罚措施。花椒、一直播等平台还会定期公布查处结果，包括处置的直播间、色情信息、违法信息、其他违规内容、受理用户举报的情况等。

人工检测的同时，平台也对相关技术加紧开发，YY 研发人工智能深度学习系统，借助大数据和每天上亿的样本训练，做好精准识别。花椒依托人脸和图像识别技术，对直播活动实时智能监控。

关于视频信息的存储，以行业内的头部平台——映客直播为例。映客直播建立了完善的用户日志信息存档机制，已做到对用户发布的视频内容保存 60 日。同时，映客还建立了完善的工作机制和技术手段，严格保护用户身份信息和隐私，确保不被泄露、篡改、毁损或非法提供给他人。

3. 专项整治及突发事件的处置

除了在日常运营中落实政策法规的要求、建立常态化的平台规章制度和管理机制，直播平台还需要制定应急预案，及时对突发情况进行处理。

1）落实政府部门要求开展专项整治行动

2018 年 4 月被全国"扫黄打非"办公室约谈后，虎牙、斗鱼等直播平台根据监管政策的要求，展开了为期 3 个月的集中整治行动。自 4 月 13 日起，针对低俗不良及不符合社会主义核心价值观的内容，虎牙直播采取开展专项清理、与主播集体签订《正能量承诺书》、继续完善内容审核机制、优化未成年人保护体系等举措，主动进行自查自纠，并表示要充分履行平台社会责任，严守法律和道德两重底线，坚决抵制影响未成年人成长的不健康内容，积极保障未成年人的合法权益，为广大网民特别是青少年营造风清气正的网络空间。斗鱼也于 4 月 13 日发布了《开展为期 3 个月不良内容信息自查通告》。通告称，将对违法违规、侵害未成年人合法权益、违反社会公德与社会道德行为、低俗淫秽、暴力血腥及非法营销等内容进行严格监察与自查清理。

2）应对突发负面事件及时处置

战旗主播"死亡宣告"于 2017 年 10 月 26 日在直播中暴力对待女友，引发网友不满，战旗直播平台于次日声明与该主播解除直播合约，及时处理负面事件得到网友支持。2018 年初，该主播出现在斗鱼中进行直播，再度引发负面舆论。随即斗鱼宣布永久封禁该主播的直播账号，并清除所有网络直播、论坛等内容，同时将其列入斗鱼直播主播黑名单并报送国家、省、直辖市网络信息主管部门。

2018 年 7 月 31 日，"陈一发儿"曾经在微博和直播间内发表的不当言论被举报，引发社会严重不满。随后斗鱼发表声明并对其处罚，称"陈一发儿"作为社会公众人物，在直播中发表严重损害国人情感的言论，根据国家相关管理规定，斗鱼直播平台决定作出如下处罚：即日起，禁封主播"陈一发儿"的直播间；向上级主管部门报告并提交相关资料，按照相关国家法律法规要求严肃处理；即日启动对所有主播的爱国主义教育行动，组织主播到革命遗址、历史博物馆等场所进行参观学习，让主播切实领悟和铭记历史，并将此项行动常态化、制度化；加强审查力度，杜绝此事的再次发生。

4. 小结

从整体上看，直播平台内部的监督管理是对政府和协会要求的回应，是对相关政策规定的细化落实，以政府划定的红线为自身规范要求，以政府规范文件为约束机制框架，以政府具体要求为依据展开重点，配合政府的工作进行专项整治活动。另外，来自社会的关注也对平台行为产生重要影响，对此直播平台及时主动的回应有助于改善行业的负面形象。

（四）社会：监督及技术服务支持

1. 产品及服务外包：第三方技术及管理支持

目前，直播产业的发展及日益严格的监管要求也催生了提供直播监察信息过滤等专业技术支持的产业链。基于深度管理网络的智能风险用户识别引擎，北京数美时代科技有限公司建构的数据网络和评分系统可鉴别欺诈行为，可以保护用户注册登录，提供特定内容防刷、过滤等功能。广州图普网络科技有限公司提供的内容审核服务基于人工智能图像识别技术，能有效识别色情、暴恐、时政等敏感信息、小广告等违规图片和视频。秀色娱乐社交平台推出的"新媒体行业海量数据监控技术＋监控人员 7×24×365 实时监控"全方位运营监管体系，在降低企业人力成本的同时，提高了精确度、灵活性和控制力，实现了高效监管[1]。网易云易盾基于

---

[1] 资料来源：中国演出行业协会网络表演（直播）分会《2017中国网络演出（直播）行业发展报告》。

人工智能技术及大数据，为直播行业提供直播鉴黄、聊天室鉴黄、营销反作弊、验证码防护等一站式安全解决方案。该方案宣称可以实现直播视频流检测，即实时视频流检测＋图片截帧检测，高效智能鉴黄；直播弹幕检测，即应用智能文本反垃圾技术，实时检测弹幕文本，及时发现涉黄、暴恐、广告等垃圾文本；直播聊天室检测，即聊天室热度实时监测、内容监控，更支持关键词个性化灵活配置；昵称、头像、签名检测，首创用户资料反垃圾技术，对昵称、头像、签名等区域藏匿的垃圾内容进行针对性地检测识别；直播电视墙巡检，即针对直播鉴黄的实时性要求，支持多路电视墙人工巡检；营销反作弊，应用设备指纹、行为联动、反代理 IP 等技术实时识别作弊行为，防范不法分子在平台活动中舞弊；注册保护，应用人机识别智能技术及网易大数据，预先拦截机器注册、垃圾注册，降低因恶意注册带来的风险；恶意刷榜检测，实时检测过滤直播间恶意刷礼物、刷榜单等行为；验证码防护，提供拖动式验证码及点选式验证码服务，高效识别机器操作，建立安全防护体系。

　　除技术企业外，主播的管理职能外包也是目前直播行业的普遍趋势，这催生了直播产业的另一条产业链，即网红主播经纪公司。目前，大部分直播平台提供用户个人注册及平台签约主播两种主播发布者类型。其中，签约主播的职业性强，他们是可以在质量和频率的稳定性上达到一定标准的主播群体，而直播平台与此类主播的签约大部分是通过其经纪公司进行的。经纪公司在这个过程中对主播进行招募和培训，减轻了平台的人事管理负担，同时分担了平台对主播进行国家相关政策法规以及平台规定培训的职责。这些专业监控技术产品和组织服务产品的出现，使得平台企业可以将更多精力投入稳定和提升平台，也使得监管更加专业以应对更为严格的要求。

　　2. 公众：对良好直播环境的责任共担

　　目前，公众在直播行业规范化的过程中扮演的最主要角色是监督者，除社会舆论给直播平台施加的压力之外，公众还可以直接对直播内容进行举报。各直播平台及相关的政府部门都开通了举报渠道，建立不良信息举报处置机制，开通 24 小时举报电话和邮箱，以畅通网民的举报渠道。

但是，公众中也包含具有网络使用者或未成年人监护人等多重身份的群体。因此，除广义上的监督者身份之外，部分公众也是网络直播中出现的部分恶性事件的共同责任人，而这种意识恰恰在社会公众中普遍淡薄。对此，一个关于家长与网站共同促进未成年人健康参与网络游戏的项目可以给我们一些启示。"网络游戏未成年人家长监护工程"由原文化部指导，旨在加强家长对未成年人参与网络游戏的监护，引导未成年人健康、绿色参与网络游戏，和谐家庭关系的社会性公益行动。家长监护系统充分考虑家长的实际需求，设定了一些条件：申请人需为大陆公民，不含港、澳、台人士，需为被监护未成年人的法定监护人；被监护人年龄小于 18 周岁即可申请。申请需提交包括监护人及被监护人的信息表、填写网络游戏未成年人家长监护申请书、保证书、授权书并签字，提供申请人与被监护人的监护关系证明文件（户口簿或有关机关出具的证明文件）。家长监护系统为家长提供不同程度的监督方式，包括根据监护人意愿封停被监护人账号，直至被监护人年满 18 周岁；限制账号上线时间段；限制账号每周上线的天数；根据家长要求对账号进行自定义限制；对该账号每周的游戏时间进行统计（本周总共在游戏内玩了多久）。[1] 通过家长的参与，网站实现了对有实际控制需求的家庭提供游戏时间限制的服务，在一定程度上改善了未成年人网络游戏使用习惯。社会公众应认识到自身的作用，摆脱传统的受害—索赔思路或监督—指责思路，以真正解决问题为目的承担起自身应负的责任。

---

[1] 中央政府网：《"网络游戏未成年人家长监护工程"将全行业覆盖》，2010年05月31日，见http://www.gov.cn/gzdt/2010-05/31/content_1617675.htm.

（五）机制总结及展望

直播作为一种依托科技进步出现的新现象，本身在社会功能的承担上有无限的发展可能，但其早期乱象确实扰乱了社会秩序并且使行业背负了负面的标签和刻板印象。实现规范化，是行业摆脱负面形象的压力，走向稳定的、长远可持续发展的基本条件。可以看到，目前整个直播行业的规范化是按自上而下、问题导向的逻辑进行的，在政府统筹规范、行业协会协同配合和企业承接落实的共同作用下，直播行业遏制低俗内容、打击违法违规行为的长效机制已基本形成。但这个机制还存在很多需要完善的地方，与整个网络环境相关的基础性问题还有待解决，降低各方规范化成本，提高规范化效率的方法仍有待探索。在此，本小节尝试对目前形成的直播行业规范机制进行梳理总结，尝试分析其变化趋势，指出现有问题并讨论改进措施。

现有的直播行业规范机制以政府为主导，自上而下进行：政府出台政策法规，执法监察，提出规范要求，设置行业红线；行业协会对外配合政府工作，协调政企关系，对内组织平台落实要求，形成行业自律公约等约束机制；平台制定规范，监测直播，形成日常运营管理及应急处置机制，落实各方要求，承担主体责任。各主体的规范行为及彼此联动构成了直播行业规范机制。整体来看，推动并维持直播行业规范化的3个主体出发点都是问题导向的，目前的规范机制也是以问题应对为主要目标，走向完善的趋势已经显露。

政府在直播行业乱象初现、迫切需要规范的时候及时地采取了一系列针对性强的打击限制行为，并在这一过程中逐步确立相关政策法规，进行建立常态监管机制的尝试。协会组织成立的初衷也是为解决早期乱象对行业发展的威胁，除了发挥明确政府监管要求、成立行业自律公约、以协会组织约束企业的功能，近年来也发挥了代表行业与政府沟通配合、向社会发声改善形象、组织平台开展行业调研、组织经验交流共同寻找行业发展突破口等功能，体现了直播行业的发展取向。平台在直播行业规范化的过程中是最直接的监管者，承担对直播内容、直播活动及直播参与者（主播和用户）进行规范的任务。同时也是重点监管对象，需要实现自律，落实主体责任。直播平台在目前的规范化机制（见图 5-1）中主要完成对政府、协会要求的细化落实，但部分平台也在规定中加入了与自身发展战略相关的个性化规范。例如，要求主播及直播间的形象符合平台风格等，平台自身的规范取向也由解决问题转向促进发展。

可以说，直播领域的行业标准正在逐步得到完善，目前的机制基本实现了对行业的常态化管理，但仍存在一些需要思考和完善的难题。例如，如何降低各方规范化成本，提升规范化效率。为实现更高规范化目标，除了对机制现有缺陷进行弥补，还有很多更为基础性的工作要做。

可以看到，目前政府虽然已经开始了常态化监管的完善工作，但依旧存在引导性、服务性和前瞻性较弱的问题。从政策法规的制定上来说，目前对直播行业进行规范的立法层次低，存在界定模糊、用语不清的问题；立法分散，不统一，各部门职能有待于进一步厘清；针对网络直播自身生产传播特点所潜藏的风险缺乏有效对策，在问题应对上显得比较被动；针对已有问题出台的法律法规跟不上行业的发展。

对此，政府还需要探索建立各部门协同治理的机制，建立统筹协调且权责清晰有效的监管体系，处理内容重复和监管空白的问题。对直播这一多产业融合的新型混合业态，各部门认识不足，对其进行规范时难免出现职能交叉。需要制定一部统一的行政法规，为直播行业行政规制提供立法依据，构建完整的网络直播法律体系。建议政府制定网络直播平台和直播节目的分级标准。此外，一方面直播平台作为直播表演的获利者，自身对直播内容及活动的监管属于内部监管，具有局限性，监管效力受到平台意愿的影响。另一方面，主播的个人行为极易被上升到平台乃至整个直播行业，对行业形象产生负面影响。因此，政府应进一步划分平台和主播之间的主体责任，制定更具针对性的规章制度。总的来说，政府对直播行政法律监管体系的建构，还需要在管控和强制要求的基础上加强引导和服务，在解决具体问题的基础上增加宏观规制的设计，在规范的基础上加强过程引导。

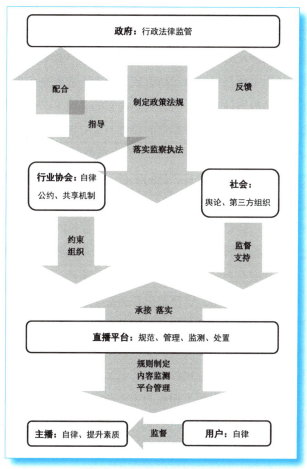

图 5-1　当前直播行业规范化机制

目前，直播行业规范化面临的一个突出问题是监管耗费精力大，成本高，难以将不良直播内容及活动彻底肃清，而且负面现象一旦发生，社会公众对直播行业的信任度就会下降，影响行业发展。行业协会可以就这个问题做更多的尝试。在直播行业规范的问题上，政府和社会对直播平台均为无限追责的状态，若转变为有限追责，对直播平台自身应采取的管理规范措施进行统一要求，改变目前各直播平台根据政策法规各自监管、严格程度不同的情况，减轻平台监管负担，避免无限投入，使得日常的监管与查处趋向正常化。

直播规范化涉及的对象除平台之外，还有用户及主播。直播呈现的内容实质上是由主播与用户的互动构成的，由于直播强互动性的特点，用户不仅是直播内容的受众，同时也是内容的共同生产者。因此，在监管的范畴内，用户不仅有监督举报的权力，也有规范自身言行的义务。与此同时，公众的责任也不应被忽视，将当前薄弱的社会责任共担意识落到实处是一个长期且涉及广泛的工程，难以通过政策或法律具体规定，各方力量应联合展开社会教育，加强宣传和培养公众责任意识，提升网络使用素养。营造良好的网络环境，还有很长的路要走。

相比于直播行业野蛮生长的时期，目前违规内容和现象的出现已大大减少，但仍未完全肃清。偶然出现一起恶性事件，依旧会在社会舆论中引发广泛的关注和讨论。这反映出直播对于社会生活无法忽视的影响力，以及对直播行业进行规范的必要性和重要性。直播行业走向规范化已成为各方共识，并在有益的尝试中产生了效果，积累了经验。目前形成的机制为各方在直播规范化过程中共同努力提供了很好的互动基础，需要改进的地方也已经得到了相应的关注和探索，在态度和能力均不缺席的情况下，完善需要时间和耐心。在直播行业规范的底线日益清晰的基础上，直播脱敏成为社会生活的一部分被客观看待，良性价值观的引导与多元化内容的出现等更高目标都可以被期待。

二、网络直播行业版权问题

（一）直播行业版权纠纷案例及现象描述

直播行业的侵权问题同样是其牵涉负面事件的主要类型之一，目前在行业内几起知名度较高的版权纠纷事件中，侵权内容集中在游戏、音乐及影视作品上。2015 年，火猫直播起诉斗鱼直播无视禁止转播的通知和提示，在明知侵权的情况下，多次进行"《DOTA 2》亚洲邀请赛"的转播，谋取商业利益。但火猫的胜诉凭借的是电竞游戏独播权而不是著作权，因为法院判定斗鱼方直播的画面来自《DOTA 2》游戏客户端自带的旁观者观战功能，而非火猫平台的视频画面，所以火猫指控斗鱼侵害著作权的主张并不能成立。2017 年 7 月 4 日，体奥动力和 PPTV 聚力体育发布联合声明，公布了 2017 年中超联赛第 15 轮互联网盗播平台的名单，包括章鱼 TV、YYLive、电视家 2.0、咪咕直播、HDP 直播、魔力视频、91 看电视、肆客足球、天翼视讯、360 影视大全。同年 7 月 7 日，中国音乐著作权协会以花椒直播平台在没有获得著作者授权且未支付相应报酬的情况下，长期使用协会管理的海量音乐作品，严重损害了本协会所代表的国内外词曲作者的权益为由，向法院起诉花椒直播，北京朝阳区人民法院对此立案。同年 7 月 11 日，优酷网起诉云图直播未经授权擅自提供电视剧《大军师司马懿之军师联盟》视频。

可以看到，目前直播行业内涉及的版权问题主要集中在音乐、游戏、节目、影视作品及体育比赛的内容领域。在网络直播涉及版权纠纷愈加频繁的今天，对于侵权与否的界定却仍未清晰，各界对于不同内容领域是否具有可著作权性、如何使用即构成侵权行为，以及责任主体的划分等依旧存在争论。

音乐作品受《著作权法》的保护，享有知识产权是清晰的事实，但是对于如何判定主播侵权，以及如何划分平台与主播的责任依旧存在争议。在是否构成侵权的问题上，第一种观点认为判定音乐表演侵权与涉黄涉暴等有明确规定的违法违规行为不同，存在鉴定技术上的困难。此外，需要完整地监控记录直播过程中的表演使取证也面临困难。主播在进行音乐表演时并未要求用户付款，其表演收益多大比重是来自音乐本身难以判断，音乐表演的商业性质存在争议。第二种观点认为，只要是通过音乐表演获取收益，就具有商业性质，对于音乐的使用也属于商业用途，不符合免费表演合理使用的条件，若未经著作者授权即构成侵权。第二种观点得到了多数网络从业者的支持，其依据为直播表演大范围面向不特定人群并实际获利，不符合《著作权法》规定的合理使用即无须经著作权人许可的法定情形。在责任划分的问题上，第一种观点认为，若直播使用音乐为用户自身行为选择，仅通过平台进行播放，则侵权行为和平台无关。第二种观点则认为，平台会对表演收入分成，因此平台有监管不力的过失，构成共同侵权。

　　涉及网络游戏内容侵权判定的争论点在于能否在法律属性上将网络游戏界定为作品。网络游戏并没有被著作权法认定为作品形态，但其在司法实践中被倾向于视为"类电影作品"。相关法律从业者同样认为，电子游戏比赛画面采用了类似摄制电影的方法，并且由于玩家的操作而具有了主观创作性，满足《著作权法》关于作品具有独创性的贡献、具有可复制性要求，可以被视为"作品"。另一个争议焦点是网络游戏画面的著作权归属问题，因为游戏画面的最终呈现来自游戏玩家对软件的操作，所以有观点认为，网络游戏画面是玩家使用游戏开发者制作的工具素材创作出的作品，其著作权归游戏玩家。对此，法律专业人士表示网络游戏软件明确属于著作权法意义上的作品，其著作权归游戏开发者所有；游戏画面由开发者创造，是开发者的智力劳动成果，著作权归属游戏公司；玩家享有对游戏作品的使用权，在操作过程中进行的是程式化操作，不产生著作权。此外，大型电子竞技比赛的直播视频构成著作权法意义上的视听作品。相关专业人士还表示大型网络游戏所涉及的音乐、道具、游戏规则等内容的邻接权问题更为复杂，为解决侵权纠纷，《著作权法》还需要进一步细化。

除此之外，还有一些在《著作权法》中的相关规定仍为空白的内容领域也存在争议。例如，对秀场直播、体育赛事转播画面等是否属于《著作权法》意义上的作品等问题，学界、公众、司法部门都有讨论。对于直播中涉及的版权问题，除了存在侵权行为、责任主体界定等争论，在监管上也面临现实挑战。对于直播过程中出现的侵权问题，监管方可以采取的措施主要被局限在后续组织及被动追责，并且数量巨大的直播源又加大了监管的难度。这些直播自身生产传播特点带来的监管困难，在目前知识产权保护意识还未在社会中深度普及、新出现的技术现象对应的法律规定仍有空白的情况下，被快速放大。随着直播的影响扩大，表演涉及的作品越来越多，平台之间盗播的现象也显现出来，引发更多的矛盾纠纷。为此，直播行业中的知识产权保护问题亟待解决。

目前，直播领域内的版权纠纷在版权方面临取证困难、赔偿低、维权成本高等问题。相关业内人士表示，这种起诉的主要作用为警示大直播平台，而直播中版权保护的真正落实还需要很长一段时间。纠纷的涌现是版权冲突增多情况的客观反映，这种趋势是社会知识产权意识的增强与当前保护措施依旧不力的冲突在直播环境中的显现，同时也引发了人们对此类问题的关注及其解决办法的探索实践。长远来看，这既是对现实问题的回应，也是直播行业走向稳定规范发展的需要。网络直播对具有版权的作品进行付费使用，形成良性的正版经营模式，也是对知识产权的尊重及对著作者的激励，进而从整体上促进文化产业的繁荣。

（二）直播版权规范：目前措施及建议

如何实现直播行业内的版权规范，虽然司法审理对于侵权案件的判定会因具体事件的差异而产生较为复杂的结果，对于很多问题的司法实践仍未有定论，但是已经明确的是，保护所有智力劳动成果不受侵犯的原则，实现这种规范需要各方的重视和配合。

1. 政府：政策法规的完善

版权问题虽然在直播行业内得到了重视，但是，实际上版权问题是在整个网络文化领域乃至整个社会文化产品领域都还未得到妥善解决，网络直播的流行又在一定程度上加剧了版权规范化的挑战。对此，政府目前承担的主要职能依旧是行政法律监督。

政府出台了相关法律为直播版权规范化问题提供了基础的解释，主持了相关的司法活动解决版权纠纷。相关法律主要有 1990 年全国人民代表大会常务委员会发布的《中华人民共和国著作权法》、2005 年国家版权局与工信部发布的《互联网著作权行政保护办法》、2006 年国务院发布的《信息网络传播权保护条例》、2009 年国家版权局发布的《著作权行政处罚实施办法》。与直播行业的整体规范不同，直播中的版权问题面临的法律困境是现有法律缺乏与行业情况直接相关的操作规定，有整体性指导但具体规定不明确，而使用原则性条款对法律进行扩大解释并不是长久之计。政府应在司法实践的过程中逐步将新生业态的版权问题清晰化，明确网络直播版权问题涉及内容的法律性质及权力内涵，为直播版权纠纷提供权威的文本规范。

2. 平台：监督、自我约束及保护

为应对直播中版权纠纷的情况，部分直播平台已经着手购入音乐、影视作品版权，并通过平台规定在直播开始前对主播进行版权问题的提示，下达专门通知，告知主播平台对于作品的版权购买情况。同时，要求主播在演唱或播放未授权音乐等作品时避免完整展现，只进行部分表演。

从各直播平台目前发布的管理规则来看，大部分都涉及了版权问题的规定，但均是简单规定，具体操作指导意义十分有限。根据各直播平台的公开信息，把相关规定整理如下：

1）对直播中版权关涉行为的规定

对直播中版权关涉行为的规定如下：

(1) 禁止游戏私服直播、宣传私服游戏或其他侵犯游戏版权的行为。

(2) 用户应尊重他人的知识产权，不得剽窃他人作品，转载或使用他人作品时应符合版权许可。

(3) 禁止删除、掩盖或更改平台或任何第三方的版权声明、商标或其他知识产权声明。

(4) 禁止以任何形式观看、播放一切无版权内容，包括但不限于版权类型的 MV（音乐短片）、其他网站原创视频节目、电影、电视剧，以及国家明令禁止的视听内容、游戏、未获得授权的体育比赛有关内容、演唱会、版权所有人声明禁止转播的视频内容等，电影院偷拍、转播其他直播平台的直播内容等。

(5) 若平台软件内的信息及其他用户上传、存储、传播的信息有侵犯用户或第三人的知识产权的，平台应提供投诉通道。

2）对平台知识产权的规定

平台享有以下内容的知识产权：对于平台的文字、图片、视频、音频、软件等元素，以及服务、标识及专利权，未经相关权利人同意，上述资料均不得在任何媒体直接或间接发布、播放、出于播放或发布目的而改写或再发行，或者被用于其他任何商业目的。所有这些资料或资料的任何部分仅可作为私人和非商业用途而保存在某台计算机内。平台不对由上述资料在传送或递交全部或部分上述资料过程中产生的延误、不准确、错误和遗漏，或从中产生或由此产生的任何损害进行赔偿，以任何形式，向用户或任何第三方负责；用户使用平台软件服务只能在本协议及相应的许可协议授权的范围内使用平台知识产权，未经授权超范围使用的，构成对平台的侵权。

平台为提供网络服务而使用的任何软件（包括但不限于软件中所含的任何图像、照片、动画、录像、录音、音乐、文字和附加程序、随附的帮助材料）的一切权利均属于该软件的著作权人，未经该软件的著作权人许可，用户不得对该软件进行反向工程（Reverse Engineer）、反向编译（Decompile）或反汇编（Disassemble）。

3）对用户知识产权及授权的规定

用户在使用平台软件服务时发表和上传的文字、图片、视频、软件及表演等原创信息的知识产权归用户所有，但用户的发表、上传行为是对服务平台的授权，用户确认将其发表、上传的信息非独占性、永久性地授权给平台，该授权可转授权。平台可将前述信息在本公司服务平台上使用，可再次编辑后使用，也可以由平台授权给合作方使用。

用户（此处主要指普通主播、认证主播）通过在线游戏解说而生成的视频、音频内容及其他关联内容（该内容定义为通过对在线直播活动进行上载、张贴、发送电子邮件或以其他任何方式传送的视频、音频，或其他任何形式的衍生品包括资讯、资料、文字、软件、音乐、音讯、照片、图形、信息或其他资料本身及相应链接等）的版权，包括直播过程中及后期个人制作的视频、音频及其他关联内容的版权及信息网络传播权及转授权均归平台所有；平台可无偿地自行使用或授权他人使用。

除了对用户等内容产出源进行约束、积累管理经验、提升监管技术，平台还需要承担相应的责任并保护自身的版权不被侵害。首先，直播平台应主动联系版权方，寻求与体育赛事主办方、音乐、影视作品版权方、游戏开发商、运营商之间的合作，在直播前取得版权所有人的授权。其次，面对其他平台可能出现的盗播现象，直播平台需要及时发现情况并采取措施。这个问题行业协会可以协助解决，直播行业协会对外可以代表行业与其他利益主体进行对话，协商解决问题；对内可以利用公约在协会内形成相互监督的约束机制，并对相关违规平台进行定期公开。最后，直播平台还可以对定位相似的平台企业进行特殊关注，以便发现盗播行为并及时进行处理。

除了行政法律监督和行业自律管理，数字网络技术也是在公开的网络环境中对作品版权进行保护的有效手段，例如，使用动态口令技术和问题化技术等控制访问技术，加大非法侵入的难度，控制用户对作品的接触。完善数字作品的技术保护措施，可以更为有效地实现网络直播中的版权保护。另外，各级政府也应该联合社会力量加强公众的知识产权保护意识，培育尊重他人智力成果的意识，从更基础的层面解决直播行业版权问题，营造版权保护的良好社会基础。

6

第六章

网络直播的社会
价值

网络直播创造了社会媒介场景混合化的新景观，兼具参与式、沉浸式和反馈式的传播特点，极大地扩大了用户的体验范围。可以说它是具有革命性的一种传播形态，它将成为人与人、人与物、人与社会的最为重要的连接方式之一，进而成为一种改变社会的传播力量。

喻国明（2017）曾指出，我们判断某种传播技术是否具有未来发展的市场空间与社会价值，不仅要从技术、自身产品出发，更要从人的精神交往和社会实践角度出发，考察这种传播技术和产品形态是否符合文化的发展趋势、是否拓展了人的社会行动空间的自由度、是否提升了人的权利与自主性、是否增强了文化的社会流动性、是否丰富了人的社会性连接等。诚然，网络直播作为一种新业态、新行业、新媒介，必然会有一些不成熟的地方，但对一个新生事物，还需要摆脱传统的观点，看到其所发挥的社会功能和社会价值远远超过人们的想象。

一、网络直播的低门槛体现了社会公平性

网络直播平台的低门槛使其成为实现参与式文化的重要媒介，从社会功能视角来看，这种低门槛让更多的主播和更多的观众参与进来，他们在网络直播平台的聚集与发展还体现了社会的公平公正。

从网络直播平台主播的角度来讲，很多主播在主流、高门槛的娱乐生态环境中是没有任何机会展现才华和能力的，网络直播平台的低门槛让网络主播们能够有机会把才华和能力展现给社会大众。对网络直播平台的主播而言，通过个人的才华、能力和勤奋获取个人成功的机会，并达到之前难以企及的个人成就，在非互联网时代的社会流动路径中是不可能实现的。所谓的个人成就，不仅体现在网络直播平台主播的收入和经济利益上，还体现在一种社会价值的倡导上。毕竟在一个成熟的复杂社会中，以往社会对个人成就的评价主要集中在财富、声望和权力等方面，而聚集相应的财富、声望和权力是一般人难以企及的。网络直播平台行业的低门槛，实际上是打破了前互联网社会中特定的精英集团对娱乐行业进入门槛的把握和控制，帮助了非精英社会阶层获取相应实现个人价值的机会，让普通人能够有更多的机会作为网络直播平台主播，分享互联网时代科技发展所带来的社会红利。这也体现出互联网社会本身带有强大的扁平化功能。所谓的扁平功能指互联网的出现将整个社会人与人之间的连接扁平化了，也让社会结构和社会流动的机会扁平化，减少了社会精英把控的层级区隔，把更多的成功机会公平地分配到每一个人身上。

对网络直播平台的观众而言，其接受媒体信息和内容的公平性也得到了提高。以往主流媒体的内容生产和传播对观众来说是不完全公平的，一些人所喜爱的文化形式和传播内容，可能与主流文化业态的发展趋势不一致，而网络直播平台主播的出现能够让观众们在兴趣范围内找到合适的文化形式和传播内容。尤其是一些网络直播平台的主播所展示

的个人才艺和能力，以及传播的内容和文化形式并不是正统艺术业界的"高大上"形态。这种非"高大上"形态在主流文化圈和文化业态中难以让观众接触到。网络直播平台的出现让观众看到了更多新鲜的、非主流的文化艺术形式和内容，并且没有附带过高的准入门槛，使得本来没有支付能力选择文化内容的观众，也能有更多的机会接触新鲜的文化艺术形式和内容。

无论是对于网络直播平台主播群体，还是对于网络直播平台观众群体，网络社会的扁平化效应都改变了以往精英群体所控制文化内容和传播形态的状态，改变了人们的成就际遇和选择机会。在某种意义上来说，较好地体现了社会的公平性。

二、网络直播增加了人们的自主选择权

在社会发展过程中，经济增长所带来的红利并没有平等地分配到每一个社会个体，甚至出现了较为严重的贫富分化。很多社会群体在真实生活中都会有不平等的生存体验，甚至会滋生负面情绪和对抗意识。不平等的生存体验对一些社会群体而言，不仅是贫富差距，更意味着自主权和选择权等社会权利的丧失，更多的时候他们只能成为命令的服从者和制度的牺牲者。

网络直播平台是一个参与式文化平台，不同阶层的人都可以在此平台展示自己，因而在一定程度上能够屏蔽贫富差距和社会权利不平等的影响，让人获得逃避性的体验，减少心理压力。在主播发布内容和观众互动过程中，即便是没有很强支付能力的观众也可以体会到自己的自主性——他们可以自主地在平台之间穿梭，选择观看不同类型的主播，挑选自己喜欢的节目。这种自主性更多时候让人们摆脱了现实社会中不平

等的生存体验所带来的心理压力。当然，在网络直播平台中有钱的人和没有钱的人仍然会有一定的差别，但与现实生活中的差别相比，社会不平等的体验要低很多。

另外，主播群体的崛起也是社会权利平等的体现。工业化时代的大众传播媒介是国家必须管控的工具，其管理的权利是属于国家和政府的，普通人没有权利去决定文化产品的内容和形式，也就是没有自主性。网络直播为主播提供了一个平台，可以根据观众的偏好选择相应的传播议题与展示内容。这种议题的设置能力和内容展现的自我决定权都扩大人们的自主性。考虑到网络直播平台的主播群体需要吸纳更多的观众，他们对内容的选择会更多地考量观众群体的需求，尤其是当网络直播平台的观众更多来自草根阶层的时候，他们所喜爱的内容也会被主播所重视。虽然有一些网络直播平台主播传播的内容和艺术形式并不能够上升到很高雅的文化层次，但是其呈现的内容是符合草根观众需求的，这一过程中实际上体现了民众社会权利的平等。传统社会权利和话语权的垄断被网络直播平台所打破，越来越多的网络直播平台主播和观众通过自己的网络行为参与社会互动，并间接地发出群体性的声音。

三、网络直播的草根性可提升底层社会的现实预期

提及网络直播，不可避免地要提到它的草根性。可以说，网络直播的草根性是真实存在、不可避免的，甚至是一个不可更改的现实状况。由于网络直播具有草根性的特点，其对社会草根阶层的渗透程度远远要高于对社会精英阶层的渗透程度。

谈及网络直播平台的草根性，很多人的理解局限在一些网络直播平台主播的走红和成功改变了他们的生活道路和命运轨迹，让更多的草根民众能够看到成功的新路径，进而提升了底层社会的现实预期。但更重

要的事情往往被忽略，网络直播平台的草根性打破了工业化社会通过现代化的教育体系和社会身份制度形成的社会区隔。在互联网直播平台出现之前，现代化的教育体系和社会身份制度形成的社会区隔，让很多的草根民众失去了学习技能、展现才艺和欣赏艺术的机会。虽然很多草根民众具有很强烈的学习欲望和追求艺术的浪漫梦想，但是很多时候是难以通过自身的努力来实现的，获得精英教育能力的不足和社会身份制度的区隔，把他们束缚在应对生存压力的状态中，没有时间去思考生命的尊严和人生的意义。

草根人群由于社会地位较低、群体能力不足，往往是被整个社会忽略的人群。网络直播的出现和对草根文化的关注使处于底层的草根人群，强烈地提升了他们的现实预期。精英化的文化艺术行业对底层民众多是嗤之以鼻的态度，而且主流艺术形态很少关怀底层民众真正的生活，但网络直播恰恰相反，很多主播来自草根阶层，他们对草根阶层生活的了解和理解远远深于精英教育所培养出来的艺术家和表演人才。网络直播平台的主播会天然形成一种对底层民众的关注，在互动的语言形式和内容上都具有强烈的草根性，这样让草根阶层能够感到被社会所关注。

在网络直播平台互动过程中，主播与观众之间的互动形式也是具有草根性的，不仅是唱歌跳舞，其语言、动作、谈资都是草根阶层所喜爱的。这种草根性的表达和传播可以说是一种人文关怀，因为在现实生活当中，很少有人会像网络直播平台主播那样去关注处于底层的草根民众。甚至有时候，互联网直播平台主播和观众之间形成了一种生活中的依赖关系，一些草根阶层觉得观看直播可以摆脱现实生活中自己被冷漠看待的苦恼，让他们觉得没有完全被排斥在社会之外，从而提升他们对现实社会和现实生活的预期。

四、网络直播的多元化可推动社会群体间共生生态的发展

现代社会媒体传播存在着断裂性的生态结构，虽然所有的大众传媒都没有明确地关注某一个社会阶层或社会群体，没有明确区分不同社会阶层和社会人群地位的重要性，但是在传播生态的考量方面，通常会针对精英群体进行特殊的媒体生态运营。与传统的媒体传播过程不同，网络直播平台作为互联网传播生态结构中的新业态，是一个多元化、共存的平台，既有一些社会精英阶层所关注的、具有高雅形态的艺术直播，也有适合普通观众观看的草根内容。在多元化的网络直播平台中各社会群体和各社会阶层之间是相对平等的关系。而现实的社会生活中，由于社会群体之间的现实物质利益冲突及社会机会分配不均，会引起社会矛盾和社会冲突，各个社会群体都强调自我存在，而把自己的阶层意识或群体意识凌驾于其他人之上，难以实现共生状态。

网络直播平台上存在着多元化的内容和声音，通过多元化的媒体传播和共生的媒体生态发展，避免了传统媒体生态分裂和传播地位不平衡导致的社会群体之间的冲突。从某种意义上来说，它把社会断裂的负面影响阻隔在媒体传播之外，避免了分裂的传播生态进一步反作用于社会裂痕。虽然网络直播平台中有针对不同社会群体和社会阶层的主播，在观众方面也存在着较为明显的群体性的划分，但不同的主播都有足够的生存空间和良好的发展状态，在同一个平台中社会群体的共生生态在社会现实生活中比较罕见。

可以说，网络直播平台多元化的传播生态形成了一种不同社会阶层和社会群体的共生生态。所谓社群共生生态指社会群体之间在同一个媒体平台上能相互独立地、各自不排他地生存，从而规避社会群体之间在权利和地位上的冲突，不会爆发强烈的社会对抗和情绪对立。网络直播平台的业态和共生生态有利于构建和谐、共存的网络环境。

五、网络直播具有社会情绪缓冲功能

现实生活中，人们常常会累积某些不良情绪，需要通过各种"出口"进行健康合理的宣泄，如娱乐、倾诉、社交等。网络直播因为能满足人们多重的心理需要而成为一个有效的"出口"，疏解和缓冲负面情绪。

从观众角度来说，一方面，网络直播场景互动性可以带给观众虚拟的陪伴感，实现情感交流，消解观众的孤独感，弥补现实生活中的情感缺失，宣泄负面情绪和压力。另一方面，一些底层群体因为网络直播的群体共生生态，而在虚拟世界中获得存在感和主体性地位，帮助他们切断现实生活中不满情绪的表达，甚至可以减少他们的社会戾气，特别是通过网络直播平台娱乐化的方式。

从主播角度来说，有研究者提出网络直播具有社会安全阀的功能，其中最为基本的就是社会减压功能（廉思、唐盘飞，2018）。主播在直播中通过与观众聊天获得情感交流，缓解孤独感、获得归属感，还通过实现自我价值而获得存在感，缓解负面情绪。廉思和唐盘飞（2018）对1889名青年主播的调查发现，在主播的个人需求中占比最多的就是"获得陪伴，满足交流需求"（47.4%）。其中，有的人是因为无聊而做主播以排解孤独情绪；有的人是因为直播时可以认识一些朋友，建立自己的粉丝群，获得归属感；有的人因为做主播会使性格从内向变成外向；还有主播因为通过才艺展示、日常交流或知识分享而获得观众肯定，缓解了自我发展焦虑。

六、网络直播有助于就业和虚拟内容创业

网络直播对就业具有一定的带动作用，表现为直接带动和间接带动。对平台、公会和主播有直接带动作用，因为维系平台的运行和监

控，需要相当数量的技术人员和管理人员，以及较大规模的实时监控人员。大型直播平台非常重视对平台内容合规性的实时监控，往往都拥有高达数百人的实时监控工作队伍。由于直播平台更倾向于与公会签约，而不是与直播主播签约，就衍生出了一个庞大的公会行业。公会内部给每一个直播主播都配备了负责管理的经纪人，以及为直播主播提供服务的其他工作人员。当然，与直播主播的数量相比，平台和公会带动的就业数量是相对较少的，一些排名靠前的直播平台号称自己拥有的主播数以十万计，虽然实际上的专职主播数量没有那么多，但是，如果把兼职主播计入，大型直播平台的主播毫无疑问能达到数万人。间接带动就业主要体现在主播群体背后的衍生行业。例如，网络直播主播需要展示一定才艺。并且不断更新播放的内容，就需要一个团队为他们提供专业的才艺培训和内容支撑，甚至还需要助理来帮助他们处理日常事务和安排生活。一般而言，越红的主播背后的支持团队就越多，即便是一般的主播背后也需要一定的团队支持。例如，直播过程中的平台内容管理员日夜颠倒地上班，通常需要生活助理。这些通过数以万计的主播拉动的就业效应远远高过传统服务业的。

对主播而言，就业只是实现生活自立和经济自主的一方面，另一方面是追求理想和展示才华。如前所述，网络直播让普通人以主播为职业获得相应收入的同时，也为普通人提供了展示才华和获取个人成功的机会。一位业内人士在访谈过程中曾表示，"直播让人们在追求梦想的道路上不再饿肚子"。本课题组在访谈中发现，很多主播怀有当导演、当医生、当歌手、开舞蹈工作室等各种梦想，在为梦想奋斗的道路上，他们选择了直播作为当前生活的经济支柱。其中一些人通过直播平台成为网红或头部主播，不仅积累了相应的经济资本，也积累了相应的社会资本和流量资本，这些都会为他们以后实现自己的理想建立了一定的基础。甚至可以说，对大多数有人生理想和方向的主播而言，实现梦想要

183

比不饿肚子更加重要。如果从个体的生命历程来看，成为网络直播主播更像是人生的一次虚拟创业，用来验证自己的才艺、情商是否足以满足创造梦想的基本条件。

七、网络直播延伸了公共事务空间

网络直播场景丰富，内容多元，不仅仅局限于休闲娱乐内容。作为一种技术形式和文化，网络直播在垂直领域的应用对于公共事务空间的拓展和延伸具有现实意义。例如，交通执法等政务直播和司法审判的直播，让政务工作从结果公开转变为过程公开，让普通百姓可以监督整个实施过程，政务公开透明度大幅度提高，也提升了政府部门的公信力。法制宣传的直播为普通人了解和学习法律知识提供了新的路径。2017 年，人民网联合腾讯网推出的总时长超过 100 小时的"两会直播"，创下访问量过亿的纪录。"两会直播"融合现场报道、高端访谈、权威解读等形式，全方位帮助受众了解会议内容。

网络直播不仅让更多人了解、参与和监督政治性公共事务，在一般性社会公共事务领域也有一定作为。多个平台纷纷尝试"直播＋公益"和"直播＋扶贫"，通过丰富的直播方式，助力公益事业、慈善事业和精准扶贫工作，与传统媒介宣传不同，直播的意义不仅在于为公益或扶贫做宣传，更重要的意义在于以实时互动的形式让更多的人切实参与其中，促进积极的社会参与行为。

7

第七章

网络直播优化的建议

▶▶

　　本书从参与式文化和体验经济的角度对网络直播的特点、兴起的原因、文化属性、内容生产、直播生态、直播规范和社会价值进行了详细论述，在此基础上，本书提出网络直播未来的优化和升级可集中于丰富场景体验、拓展场景文化内涵、规范主体行为准则和建立心理群体认同平台。

一、调动多种资源，打造沉浸式场景体验

　　营造个性化和沉浸式的场景体验已成为商业设计领域的趋势，在传播领域也日益引人关注。网络直播作为一种场景呈现式媒介，为人们提供一种新型的拟像场景，营造了娱乐性、教育性、逃避性和审美性的体验。由于技术限制以及媒介场景画面出现的一些问题，很多直播，如"直播＋旅游"的尝试，不能完全实现与现实场景的连接，降低了用户体验。但随着新技术的不断发展，沉浸式场景的营造仍具有可行性，

并可能打造一种全新的直播体验。因此，未来的网络直播可能侧重于利用全场景沉浸式的场景营造，满足现代受众的体验需求。而这种沉浸式场景的营造，一方面可以利用技术，另一方面可以从内容生产上注重场景塑造。

在技术方面，可利用 VR（虚拟现实）技术、高清显示技术等打造沉浸式体验，营造吸引人沉浸其中的场景氛围。利用 VR 技术可以实现一种全景式直播模式。VR 直播可以让观众不在现场就能 360°全景观看现场直播，观众通过手机网络直播 App、一体机等设备，在家就可以体验各类节目的直播现场，不仅可以观赏现场的表演或体育比赛，还可以近距离感受到现场观众的情绪，自己如同置身于观众群中一样，切身感受到现场的氛围，营造了一种审美性体验。除了这种身临其境的感受，全景式直播还可以让观众近距离、多角度地观看自己想看的内容，而不必受到导播镜头的视野局限。BBC（英国广播公司）在 2018 年世界杯期间就曾推出一款 VR 应用，让球迷可以在 VR 中体验超高清的世界杯直播。但是，目前，由于技术限制及观众体验硬件设施不一样等原因，要做到近乎完全身临其境的感受还存在困难。VR 直播中的带宽瓶颈、清晰度、舒适度等难题如果能得以解决，那么加上手势识别、语音识别等新交互技术的应用，用户使用网络直播的体验会到达一个新的高度。

除了 VR 技术，4K 等画质技术能从本质上提升屏幕的表现力，给人们带来沉浸其中的视觉盛宴。例如，2017 年，零年乐队的演唱会采用了 4K 直播技术，用超高清画质带来视听盛宴。2018 年，咪咕视频在世界杯直播时，将 4K 技术应用于电视大屏端，小屏端也推出了 50 帧的原画直播，相比于主流视频直播帧率的 25 帧或 30 帧，50 帧的直播让观众能更逼真地、更立体地感受到世界杯赛场的情境。但要实现 4K 直播或高帧率直播，不仅对直播设备、制作、转码等要求很高，而且对存储空间、宽带、用户接收设备等也有较高要求。如果未来能解决这些难题，高画质的直播必将为用户带来全新的沉浸式体验。

在内容生产方面，网络直播尤其是垂直领域受众体验范围较窄的"直播＋"类的直播，可以在内容生产上更注重场景塑造。"直播＋"所加的不仅是各个垂直领域的内容，还要营造不同领域的场景氛围，让受众可以沉浸其中，扩展体验范围。

二、拓展直播场景的文化内涵，促进多元文化融合

人们很容易把网络直播与平民文化或草根文化联系起来，从大众参与的角度来说，网络直播文化的创造者和传播者的确是普通民众，与知识分子和精英们创造及传播的精英文化相对而言。但这并不能构成网络直播文化可承载的全部内涵，网络直播同样能实现传统文化的传承和精英文化的日常化。

大众传播媒介是精英文化和大众文化的沟通桥梁，让大众有机会接触到精英文化内涵，解构权威信息，提高审美趣味。新媒体的兴起和参与式文化的发展，让精英文化受到了一定的冲击，人们的独立意识、参与意识越来越强，更加期待听到来自各个方面的声音而不是某一方面的传达，更加推崇个性化的审美趣味。但是，这种对精英文化的挑战也带来了文化融合的机遇，网络直播正可以发挥这样的媒介作用。

网络直播的场景丰富性让其能够为展示多元文化提供舞台，所谓平民文化、世俗文化、草根文化、精英文化都可以在这一舞台上绽放光彩。网络直播起源于平民文化，但随着越来越多的精英阶层人士开始利用直播工具，以及网络直播在垂直领域的不断扩展，精英思想文化通过直播得以展现。同时，网络直播的互动性让其具有了文化融合的优势，传统的思想文化因为公众的参与而吸纳更多日常元素，增添了活力，拓

展了广度，而公众因为在接收信息过程中具有了自主性，对精英文化的接受度也会有所提升。未来的网络直播可以充分利用自身的优势，通过"直播+"等形式把具有深厚文化内涵的内容融入直播场景，让其呈现在大众的日常生活中。网络直播还可借此去污名化，摆脱网络直播文化"低俗化"的标签，但这还有赖于内容生产的优化。例如，采取PUGC的方式，引导主播在场景选择上关注日常生活中能体现多元文化、具有文化象征意义的场景。PGC则更侧重纳入深度文化内涵的场景。

三、制定主体行为规则，进一步规范网络直播

人在参与社会行动时要遵循一定的社会规范和行为准则。网络直播所塑造的混合场景把现实与虚拟场景结合在一起，在戈夫曼所说的"前台"和"后台"之间，形成了一种"中区"化的场景环境。在这种虚拟和匿名的"中区"化的场景之下，人们虽然不再受制于现实生活情境的规则，但根据梅罗维茨的理论，在新的中区场景中，人们会形成新的行为规范，才能适应场景。因此，应当对场景主体的行为进行适当规范，使之适应网络直播所形成的场景环境。

（一）规范主播行为，提供规范培训

如第五章所述，针对网络直播国家出台了一系列法规，企业也实行了自律自查。这些硬性规则的实施，取得了显著效果，在一定程度上净化了网络直播的不良风气，为直播平台、主播和用户等直播场景的参与者都划定了行为的底线。但是，国家层面的强制力是一种法律法规的震慑，真正要在实际操作中体现出网络直播主体行为规则的作用，需要每个直播参与者主动遵守规则，并在场景互动中对行为规范逐渐达成共

识。直播主体一方面需要将现实生活的伦理道德规范等"软规则"运用于网络直播场景，另一方面又需要结合网络直播场景自身的特点，形成适用于每个直播参与者的行为规范（向永心，2017）。其中，最重要的是对主播进行直播素养教育，使其了解直播的尺度和直播行为的影响，合理选择直播内容，规范自身行为，与用户形成新型的场景互动关系。

主播是直播平台的主要劳动者。从主播的选拔来看，目前几乎所有的直播平台对主播都是不设门槛的，这符合参与式文化的潮流。但是，这种无门槛模式使得主播在进入直播行业时，只需要通过实名认证的程序就可以进行表演，导致一些素养较低的主播在平台上出现违规、违法行为。除了极少部分铤而走险的、有意违规、违法的主播，还有相当大一部分的主播由于素养不高，对违规违法的行为认识不清，自身才艺能力有限，也会出现一些露骨的行为和言辞，给网络环境带来负面影响。因而，主播作为直播内容的生产者有必要参加相关的职业培训，提高自身素养。在当前各直播平台与公会的合作模式之下，协会应当发挥社会组织的积极作用，以协会组织的形式，联合各主要公会，对有意以主播为职业的人群进行培训，并共同形成行规公约。

此外，在技能培训方面，协会也应当联合直播平台、公会，共同开发提高主播才艺的培训课程。调研中发现，部分头部主播有能力自己购买相关的才艺培训服务，也有一些公会能够给主播提供基础的才艺培训，但大多数底层主播缺乏相关的培训机会且没有能力购买相关服务。因此，可以考虑让协会、直播平台、公会共同开放网络课程和才艺培训资源，以网络课程的方式，提高主播基本素养。

对此，网络直播行业已经开始有了具体实践。例如，2018年8月，酷狗直播发布了《绿色直播联名倡议书》，号召主播树立健康、绿色、文明的直播观念，与广大网友共建共享和谐清朗的网络直播环境。该倡议书一上线，就得到主播们的积极响应，目前已有超过15万名酷狗主播联名签署。2018 年 11 月，中国演出行业协会网络表演（直播）分会主办、腾讯公司承办了上海网络表演（直播）行业培训班，培训内容包括政策法规解读、执法案例讲解、主播素养专项培训、直播形象及礼仪等多个部分。各直播平台积极响应，平台内容审核负责人、头部主播和公会代表都参加了培训。普及和推广这种实践活动，对直播行业未来的发展具有重要意义。

（二）规范直播平台行为，加大对违规小平台的监管

国内主流直播平台在经过政府监管部门多轮整治之后，在主播管理、内容控制、现场监管等方面都取得了长足的进步。各个直播平台也都形成了一套较为完整的自查自纠规则，但一些隐藏在互联网世界角落里的小直播平台仍然乱象丛生。

小直播平台绝大多数都是以非正规手段、地下运营的"黑"直播。在直播技术日益完善的前提下，小直播平台能够以低廉成本搭建地下运营的直播系统，并且通过把服务器放在国外的方式逃避备案监管。在传播方式和手段上主要使用论坛评论区、微信群、QQ 群、弹出式的小广告，以及部分非法网站来传播；在直播内容上则没有底线，尤其是以涉黄、淫秽、裸露内容为多；在直播形式上甚至出现明令禁止的一对一直播形式。由于大多数公众对直播平台了解较少，一些小直播平台、"黑"直播平台的乱象也等同于主流直播平台，从而造成了直播平台难以正名的状况。

由于运营成本较低、流动性较强、匿名性隐藏等原因，小直播平台的治理难度非常大。从治理手段上来说，关键在于打破其传播机制，必须全网共同努力，在网站、社交软件、广告等传播领域进行内容阻断。尤其在网络广告方面必须加以重视。目前很多小型网站甚至部分主流网

站都会出现二级广告、三级广告的弹窗，而网站本身对广告内容的监控能力不足，很容易让广告代理商插入一些画面极具诱惑性的广告，为小直播平台或者"黑"直播平台导流。未来网络直播平台的监管可考虑如何实现全网联动，阻断和取缔违规小平台的传播。

（三）鼓励创新、监管有度

规范网络直播主体行为，是促进网络直播优化、实现持续良性发展的基本要求。但无论是法规制度的实施，还是行为规则的确立，亦或是所有主体对行为规则达成共识，都很难一蹴而就。在这一过程中，若过分建构各种硬性规则，全面监控，在某种程度上可能扼杀了受众的创新性，违背参与式文化的初衷，容易形成反作用。因此，行为规范化需要结合现实的环境，满足人们日常的休闲娱乐、展示才华、表达个性等方面的需求，在法律法规范围内，尽可能包容和鼓励多元化创造。将政府、产业、用户等多元主体有机结合起来，从监管、扶持创新、协助培训等角度，对平台和主播进行有利的引导。这个过程不能操之过急，也不宜一刀切，否则，将会引发连锁反应而夸大平台的负面效应。总的来说，未来网络直播平台只有在多方协作下，才能逐渐消除其负面影响，走向规范和成熟。

四、搭建心理群体认同平台

网络直播用户的一个重要心理需求是形成群体认同，获得归属感。时任 B 站（bilibili 网站）副总裁陈汉泽曾表示："其实，无论什么年龄层的人，都有各种未被满足的文化需求。只能说'风口'之下，各家互联网企业都在探索。但年轻人渴望被认同、渴望找到同类的想法，相信仍是这个文化圈层最显著的特征"（张薇，张紫璇，2016）。对于网络直播平台来说，聚集不同的群体，并为不同的群体提供展示和找寻志同道合者的机会，是发展用户规模、增强用户使用黏性的重要契机。如前所述，任何一种兴趣都可以在网络空间形成自己的兴趣群体，而志同道合的用户通过网络直播平台所建立起的群体认同，实际上就是本书第一章所述的心理群体认同，这是现代社会多元化发展趋势的产物。

　　以往社会成员的社会身份认同类别较多来自先赋性因素，如年龄、性别、收入等社会人口属性，或者来自血缘、地缘、学缘、业缘等既定关系纽带。进入多元化社会，出现了越来越多由获得性因素形成的群体类别。这些群体类别主要根据生活方式、价值观念、心理特性和行为偏好进行划分，被称为"心理群体"。心理群体是通过个体的选择、个体内心心理状态的表达而形成的同质性群体，它更具有主动性、选择性、参与性和建构性的特征。在参与式文化的背景中，越来越多人通过互联网参与社会文化的创造，在网络平台上展示自我、表达意见、分享观点，由此更容易在网络空间找到志趣相投的朋友，形成心理群体认同。网络直播提供了丰富的生活场景，每个场景都聚集着来自不同空间、不同社会背景的用户。用户既可以通过直播过程中的互动，又可通过对直播内容、对主播、对场景的选择和关注，找到拥有共同兴趣和爱好的人。从这一角度来说，网络直播平台为人们搭建了起了"趣缘"部落，形成了心理群体认同，从而满足人们的归属感需要。

　　12～28 岁的青少年群体中的绝大部分是"数字原住民"（Digital Natives），伴随着网络的发展而成长，对于他们来说，互联网不仅是工具性平台，更是展现自我、创造流行文化的平台。《"青少年网络流行文化研究"调研报告》指出，青少年网络流行文化的特征之一就是以"趣缘"结群，以"趣缘"为纽带汇聚成"部落""圈""群"，将青少年跨阶层、跨性别、跨时空地连接起来。对作为互联网的使用主体、具有巨大消费潜力的青少年群体来说，由"趣缘"形成的群体具有相当的感召力和创造力（中国青少年研究中心，2016）。网络直播平台为青少年群体展示自我和寻找志同道合者提供了直接的、相互激发的传播平台，从而构建起身份归属，形成对趣缘部落这一心理群体的认同。网络直播平台的社会交往功能也有助于巩固趣缘群体的纽带。一旦形成心理群体认同，这种认同带来的心理联系和"我们感"，让用户对作为群体载体的网络直播平台形成较为持久的黏性。因此，未来的网络直播可更侧重于社交版块的建设，设计更便于用户搜索的趣缘版块，在直播场景中进一步促进用户的深入交流互动，促进趣缘群体的形成和维护。

附录

A

直播行业发展整体概况及趋势预测

一、直播行业市场规模及头部主播收入情况

（一）直播行业市场规模及增长率预测

直播行业在 2016 年资本进场之后，用户规模和市场规模均出现了激增，不同数据提供方对直播行业市场规模的年度数据预测存在差异，如附录图 A-1 所示。方正证券研究所在 2016 年 3 月发布的行业专题报告《下一波新浪潮：移动直播——视频产业演进史》中预测，直播市场规模（PC 端 + 移动端）到 2020 年将增至 600 亿元。艾瑞咨询与微博 2018 年 6 月联合发布的《2018 年中国网红经济发展研究报告》指出，2017 年，国内泛娱乐直播市场规模达到 453.2 亿元，较 2016 年增长 63.6%。预计 2020 年泛娱乐直播市场规模将达到 1120.9 亿元，实现 25.4% 的同比增长。华创证券在 2018 年 7 月 5 日发布的《直播行业深度研究报告》中预测，2022 年直播市场规模有望达到 1000 亿元规模。中商产业研究院发布的《2018—2023 年中国直播行业市场前景及投资机会研究报告》认为，直播行业的市场规模将在 2020 年达到 166.25 亿元。虽然不同机构发布的预测数据存在差异，但是可以看到增长趋势均稳定放缓，整体态度乐观。一方面，直播行业经过野蛮发展的阶段，在政府监管、行业自律的共同作用下，走向规范化，逐渐步入长远可持续的发展阶段，为直播行业市场规模的发展提供了稳定的内部条件。另一方面，随着直播的功能被进一步发掘，内容同时走向精品化深耕及全民普及，多元化的内容体系吸纳了大量用户，变现方式也在不断创新的实践中逐步走出来源单一的局面，这些都支撑着直播行业的市场规模进一步发展。

直播行业度过了早期的爆发式增长阶段，受到因用户扩张而带来的人口红利逐渐消失、行业内部调整及结构趋于稳定的影响，各方预测的

直播市场规模增长率均呈现放缓态势。

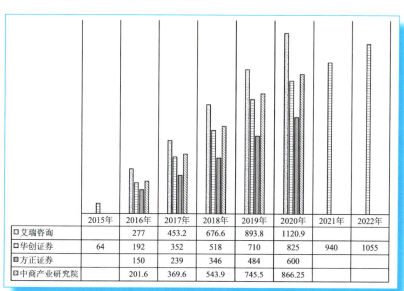

	2015年	2016年	2017年	2018年	2019年	2020年	2021年	2022年
□ 艾瑞咨询		277	453.2	676.6	893.8	1120.9		
□ 华创证券	64	192	352	518	710	825	940	1055
▨ 方正证券		150	239	346	484	600		
□ 中商产业研究院		201.6	369.6	543.9	745.5	866.25		

数据来源：艾瑞咨询《2018 年中国网红经济发展研究报告》；华创证券《直播行业深度报告》；方正证券研究所《下一波新浪潮：移动直播——视频产业演进史》；中商产业研究院《2018—2023 年中国直播行业市场前景及投资机会研究报告》。[1]

附录图 A-1　直播行业市场规模预测（亿元）

　　在移动互联网发展的热潮中，直播行业移动端的变化也引起了市场和数据分析机构的关注。据华创证券统计，移动直播的市场规模由 2015 年的 11.2 亿元增至 2017 年的 119.5 亿元，而方正证券预测其市场规模在 2020 年将达到 295 亿元（见附录图 A-2），以上数据预测机构均对移动直播市场规模增长潜力表示认可。移动直播相较于传统的 PC 端直播，对设备要求更低，具有更强的便携性和可及性。另外，在带宽成本方面也有更为经济的优势，加上智能移动设备的普及、移动上网流量价

---

[1] 华创证券《直播行业深度报告》2018年7月5日发布，2018—2022年数据为预测数据；艾瑞咨询《2018年中国网红经济发展研究报告》2018年6月发布，2018—2020年数据为预测数据；方正证券研究所《下一波新浪潮：移动直播——视频产业演进史》2016年3月发布，2016—2020年数据为预测数据；中商产业研究院《2018—2023年中国直播行业市场前景及投资机会研究报告》2018年至2020年数据为预测数据。

格的下降及网络环境的持续优化，都为拓展移动直播的用户提供了外部
条件。技术上的进步在拉低传输和存储的门槛的同时，还提高了视频生
产的便捷程度，内容生产门槛的降低使得移动直播更加具有全民化的属
性。日常化、个性化、社交化、时间碎片化的产品使用特征，使得移动
端的直播承载了数量巨大且丰富度与多元性极强的内容，更具有集聚大
量用户的发展潜力，是未来直播行业发展的重要方向。此外，受到整体
行业发展状况的影响，移动直播行业市场规模的增长率与直播行业整体
发展的增长率表现出相同的趋势，均在2016年实现爆发式增长之后转
为增速放缓的稳定增长。

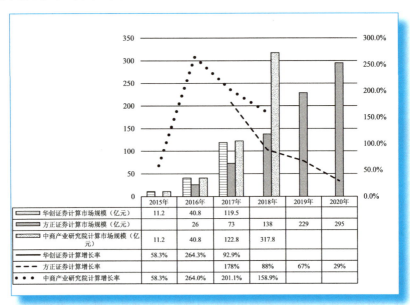

数据来源：华创证券《直播行业深度报告》；方正证券研究所《下一波新浪潮：移动直播——视频产业演进史》；中商产业研究院《2018—2023年中国直播行业市场前景及投资机会研究报告》。[1]

附录图A-2　2015—2020年移动直播市场规模及增长率预测

---

[1] 华创证券《直播行业深度报告》2018年7月5日发布，2018—2020年的数据为预测数据；方正证券研究所《下一波新浪潮：移动直播——视频产业演进史》2016年3月发布，2016—2020年的数据为预测数据；中商产业研究院《2018—2023年中国直播行业市场前景及投资机会研究报告》，2018的年数据为预测数据。

（二）头部主播特征及其收入分布

主播是网络直播行业内容的主要生产者，主播的收入情况对平台的赢利有重大影响，也是体现行业整体发展状况的重要数据。今日网红出品的直播行业系列报告统计了主播收入的相关数据，它在 2017 年 1 月发布的《中国直播行业年度报告》中统计了四大移动类平台——映客、花椒、陌陌、一直播累计收入排名前 1 万的主播在 2016 年的收入情况。今日网红在 2017 年 7 月发布的《2017 直播行业半年报》统计了映客、花椒、一直播、美拍、来疯五大平台累计收入排名前 1 万的主播在 2017 年 1—6 月的收入情况。今日网红在 2018 年 8 月发布的《2018 直播行业半年报》统计了映客、花椒、一直播、美拍、陌陌、火山六大平台累计收入排名前 1 万的主播在 2018 年 1—6 月的收入情况。在被调查的主播样本总量中收入排名前 1 万的主播即"头部主播"。

可以看到，头部主播有着显著不平衡的性别结构（见附录图 A-3），女性所占比重远高于男性，头部女主播具有很强的赢利能力。

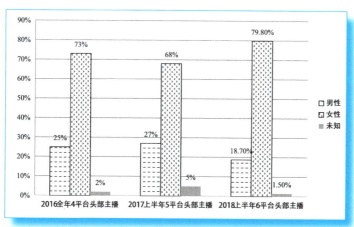

数据来源：今日网红 2017 年 1 月《中国直播行业年度报告》；2017 年 7 月《2017 直播行业半年报》；2018 年 8 月《2018 直播行业半年报》。

附录图 A-3　2016—2018 年头部主播性别比

另外，在头部主播所在城市分布方面，今日网红 2016 年的调查数据显示，所在地为北、上、广、深的头部主播最多，占 26%；其次是东北地区，占 16%；江浙地区头部主播人数占比为 10%，成渝地区头部主播占 5%。2017 上半年，在头部主播中来自北、上、广、深的依旧占25%，其中来自北京的人数最多，达到 11%。在 2018 年 1—6 月的统计时间段内，所在地为北、上、广、深的头部主播占比为 20.71%，来自北京的比率依旧最大，但出现了下降趋势，降为 7.76%。可以看到，头部主播主要集中在一线城市及东北地区，头部主播的分布存在明显的集中现象和地区差异；同时，高度集中地区的头部主播人数占比有所下降，也表现出趋于平衡的态势。

头部主播以极小的人数占比收获了大部分的财富。相关数据显示，2017 上半年，五大平台（映客、花椒、一直播、美拍、来疯）统计的具有收入的约 129 万名有效主播中，前 1 万名的头部主播占所有主播数量的 0.8%，但收入近 13.765 亿元，占五大平台有效主播半年总收入的75%；在 2018 上半年，六大平台（映客、花椒、一直播、美拍、陌陌、火山）统计的具有收入的约 144 万名有效主播中，前 1 万名的头部主播占所有主播数量的 0.7%，但收入超过 32.0 亿元，占该六大平台有效主播半年总收入的 68%。可见，平台头部效应十分显著。

单独分析头部主播的收入分布（见附录图 A-4），可以看出，2016全年 2 名主播收入超过千万元。收入为 5～10 万元的主播占比最高，约占 45%；2017 上半年，1 名主播收入突破千万元，大部分主播收入集中在 10 万元以下，约占被调查头部主播总数的 68%，其中收入在 5 万元以下的占比最高，约 38%。而 2018 上半年，半年内收入突破千万元的主播多达 7 名，半年收入在 10 万元以下的仅有 1253 千名；绝大多数主播的收入集中在 10～20 万元之间，人数高达 4667 名，占比达到 46%，接近头部主播的一半。值得注意的是，在 2016 全年和 2017 上半午的统计中，头部主播比重最大的均集中在最低档即 10 万元内，并且收入金额越高，人数比例越低。但在 2018 年的统计中，人数比例最大的收入范围是 10～50 万元，主播收入略有提高。可以看到，主播的头部效应显著，直播平台在长远的发展规划中应去中心化，减少对头部主播的依赖，探索更为长期的营利模式。

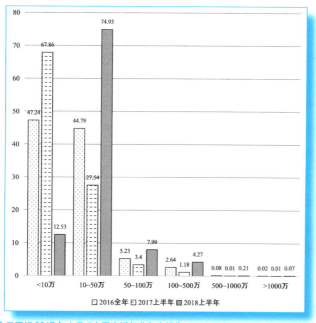

数据来源：今日网红 2017 年 1 月《中国直播行业年度报告》；2017 年 7 月《2017 直播行业半年报》；2018 年 8 月《2018 直播行业半年报》。

附录图 A-4　2016—2018 年头部主播收入分布

二、直播行业用户规模、网民使用率及月活跃度

中国互联网络信息中心（CNNIC）从 1997 年开始牵头组织有关互联网单位共同开展互联网行业发展状况调查，并于每年年初和年中定期发布《中国互联网络发展状况统计报告》，反映中国互联网发展动态。

CNNIC 在 2016 年 7 月发布的第 38 次报告中，首次出现了网络直播的相关数据，截至目前，最新报告为 2018 年 7 月发布的第 42 次报告。本研究根据 CNNIC 发布的 5 次报告梳理网络直播在 2016 年 6 月—2018 年 6 月的用户规模及网民使用率变化趋势。《中国互联网络发展状况统计报告》的数据显示，2016 年上半年直播行业实现了快速发展，截至 2016 年 6 月，网络直播用户规模达到 3.25 亿人次（见附录图 A-5），相较于华创证券提供的 2015 年中国在线直播用户规模 1.93 亿人次，出现大幅增长，占网民总体的 45.8%；截至 2016 年 12 月，网络直播用户规模达到 3.44 亿人次，占网民总体的 47.1%；截至 2017 年 6 月，网络直播用户共 3.43 亿人次，较 2016 年 6 月的用户规模同比增长 5.5%，占网民总体的 45.6%，网民使用率则相较于 2016 年 6 月出现微降；截至 2017 年 12 月，网络直播用户规模达到 4.22 亿人次，在 2017 年度下半年出现了快速增长，占网民总体的 54.7%；截至 2018 年 6 月，网络直播用户规模达到 4.25 亿人次，占网民总体的 53.0%，相比于 2017 年度下半年网络直播用户数量的巨大增幅，2018 年度上半年的网络直播用户规模增速放缓，网民使用率也呈现下降趋势，直播行业整体发展情况趋于稳定。

《中国互联网络发展状况统计报告》还发布了体育直播、真人聊天秀直播、游戏直播和演唱会直播四种类型的网络直播使用率统计情况，如附录图 A-6 所示。其中，2017 年 6 月的体育直播和演唱会直播用户使用率数据缺失。可以看出，2016 年 6 月—2017 年 12 月，该四类网络直播的用户使用率均呈稳步增长状态，在一年半的时间之内，体育直播的网民使用率提升了 1.8%，真人聊天秀直播增长 9.3%，游戏直播增长 8.8%，演唱会直播增长 6%。但在 2018 上半年，相较于 2017 年年底，除了体育直播由于世界杯的用户热潮使用率出现显著提升，其他 3 个主要直播类型的用户使用率均出现了下滑，与整体直播用户使用率的趋势相符。有分析认为，泛娱乐直播行业的用户规模已开始逐渐触及天花板，用户快速增长红利出现消失的征兆，网络直播行业面临用户拉新的困难，增长趋势放缓。网络直播行业的竞争格局已基本成形，各头部平台的用户争夺也会更加激烈。

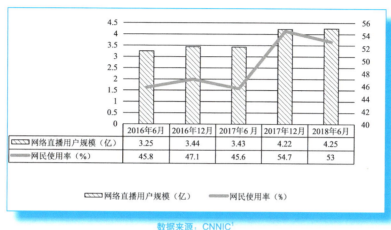

	2016年6月	2016年12月	2017年6月	2017年12月	2018年6月
网络直播用户规模（亿）	3.25	3.44	3.43	4.22	4.25
网民使用率（%）	45.8	47.1	45.6	54.7	53

数据来源：CNNIC[1]

附录图 A-5　2016-2018 年网络直播用户总体规模及网民使用率

此外，华创证券在 2018 年 7 月发布的《直播行业深度研究报告》分别统计了 2015—2018 年各主要游戏直播平台移动端和 2016—2018 年主要秀场直播平台的月活跃用户数，如附录图 A-7 所示。从数据中可以看出，斗鱼、虎牙与其他主要游戏直播平台的月活跃用户拉开巨大差距；在秀场直播平台中，陌陌也以成倍的优势领先于其他平台，展现出显著的马太效应（附录图 A-8）。另外，各主要平台的月活跃用户在波动中整体表现出上升趋势，网络直播行业在走向较为稳定的发展状态的同时，市场活力不减。

1　图表根据第38～42次《中国互联网络发展状况统计报告》提供的数据而整理，其调查的网络直播服务包括体育直播、真人聊天秀直播、游戏直播和演唱会直播。

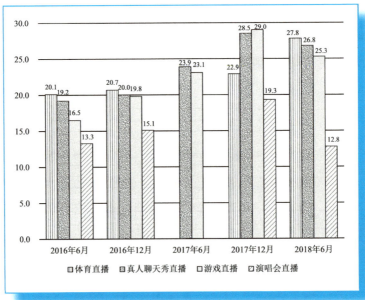

数据来源：CNNIC[1]

附录图 A-6　2016—2018 年 6 月各类网络直播使用率（%）

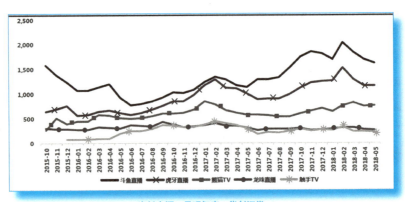

资料来源：易观智库，华创证券

附录图 A-7　游戏直播 App 月活跃用户数（万人）

---

[1] 图表根据第38～42次《中国互联网络发展状况统计报告》提供的数据而整理，其调查的网络直播服务包括体育直播、真人聊天秀直播、游戏直播和演唱会直播。其中，第38次报告中的各类网络直播使用率未统计体育直播和演唱会直播。

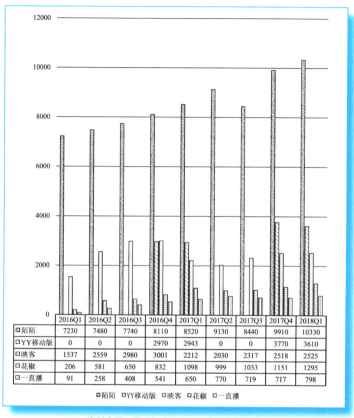

	2016Q1	2016Q2	2016Q3	2016Q4	2017Q1	2017Q2	2017Q3	2017Q4	2018Q1
▨陌陌	7230	7480	7740	8110	8520	9130	8440	9910	10330
▢YY移动版	0	0	0	2970	2943	0	0	3770	3610
▢映客	1537	2559	2980	3001	2212	2030	2317	2518	2525
▨花椒	206	581	650	832	1098	999	1033	1151	1295
▢一直播	91	258	408	541	650	770	719	717	798

▨陌陌　▢YY移动版　▢映客　▨花椒　▢一直播

资料来源：易观智库，公司公告，华创证券
附录图 A-8　主要秀场直播平台月活跃用户（万人）

三、直播行业用户特征及其付费情况

（一）直播用户性别结构

相关调查数据显示，直播用户的性别比重存在显著的结构差异，同时呈现平衡的趋势。艾瑞咨询发布的《中国泛娱乐直播平台发展盘点报告》指出，直播用户中的女性占比已从 2016 年 1 月的 30.5% 上升至 2016 年 12 月的 36.6%，男性用户比则由 69.5% 降至 63.4%。艾瑞咨询在 2018 年发布的《中国泛娱乐直播营销趋势解读》指出，2018 年 1 月的移动端泛娱乐直播男女用户比例为 57.0 : 43.0，更加接近于 CNNIC 发布的中国网民整体的男女比例 52.6 : 47.4，男女比例趋于平衡。这种变化受到了直播功能拓展、内容丰富度提升等行业调整的直接推动，网络直播行业满足用户需求的能力提高，规范性加强扩大了用户群体。

（二）直播用户年龄结构

在直播用户的年龄特征上，艾瑞咨询发布的《中国泛娱乐直播平台发展盘点报告》数据显示，2016 年度，泛娱乐直播用户群体的年龄结构并未发生显著变化，40 岁以上的直播用户占比约为 10%，40 岁以下占比约为 90%。若以 5 年为一个年龄段进行划分，则 25～30 岁的用户群体占比最大，约为 30%，31～40 岁的直播用户占比约为 35%，24 岁以下的直播用户群体占比约为 25%。艾瑞咨询发布的《中国泛娱乐直播用户白皮书》显示，2017 年，24 岁以下的直播用户比例约为 43%，25～30 岁的用户约占 21%，31～40 岁的直播用户所占比例下降至 25% 左右，40 岁以下的用户群体依旧占 90% 左右，泛娱乐直播用户呈现年轻化的趋势。

另外，在不同的直播类型中，用户的年龄比例也存在不同的结构特征。例如，艾媒咨询在《2017—2018 中国在线直播行业研究报告》中发布了 2017 年对中国企业直播用户的调查结果，数据显示，年龄为 31～40 岁的人群占 41.6%，是企业直播用户分布最多的年龄段；其次为 26～30 岁，占 39.6%。使用者的年龄特征与泛娱乐直播表现出的年轻化趋势不同，体现出了不同直播类型用户群体的结构差异，这主要是由具体直播类型的内容及功能特征决定的。

　　与国外相关数据进行对比后，可以发现，国外直播用户不论是观看人群还是创作人群都具有年轻化的特征（见附录图 A-9）。对比 2017 年美国直播用户年龄统计结果可知，用户同样集中在青年当中，但是在观看直播的用户中，55 岁以上的老年用户依旧占 12%，说明直播可覆盖的用户群体在年龄段上还有可供网络直播行业开发的空间，增强产品的可及性和内容的适应性。随着技术和社会的发展，直播用户群体还可以得到进一步扩展。

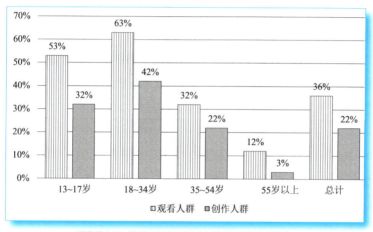

附录图 A-9　美国观看和创作网络直播的群体年龄分布

（三）直播用户所在城市分布

　　在用户所在城市分布方面，企鹅智酷在 2017 年 4 月发布的《2017中国直播行业趋势报告》统计数据显示，泛娱乐直播用户所在城市分布比例如下：一线城市占 14%，二线城市占 34%，三线城市占 20%，四线城市占 32%。游戏直播的用户所在城市分布比例与之相似：一线城市占 14%，二线城市占 35%，三线城市占 19%，四线城市占 32%。另外，艾瑞咨询在 2018 年发布的《中国泛娱乐直播营销趋势解读》调查数据显示，2018 年 4 月中国泛娱乐直播用户所在城市分布比例如下：一线城市占 8.4%，新一线城市占 13.8%，二线城市占 15.2%，三线城市占 23.7%，四线城市占 22.9%，五线城市占 16.1%。泛娱乐直播用户所在城市分布有差异，但整体呈现平衡的趋势。

（四）直播用户付费情况

在付费意愿上，根据艾媒咨询在 2016 年的调查，83.4% 的用户没有付费意愿，只有 16.6% 的用户存在支付意愿；而企鹅智酷在 2017 年的调查则显示，在观看直播的用户中从未付费的比重为 61%，39% 的用户存在直播付费行为，付费用户比重提升显著，但其中愿意高额付费的用户依旧很少。在 39% 的付费用户中，每月付费在 5000 元以上的用户占总体直播用户的 3%，每月付费 1000～5000 元的用户占 2%，每月付费 500～1000 元的用户占 2%，每月付费 50～500 元的用户占 9%，而每月付费在 50 元以内的用户占比最大：23%，如附录图 A-10 所示。

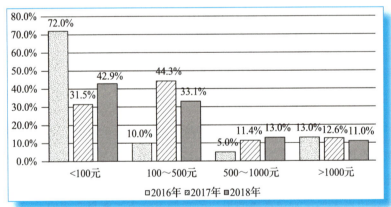

数据来源：企鹅智酷发布的《2017 中国直播行业趋势报告》；艾瑞咨询发布的《中国泛娱乐直播用户白皮书》；艾瑞咨询发布的《中国泛娱乐直播营销趋势解读》。

附录图 A-10　2016—2018 年直播用户月付费金额比重

　　直播用户的打赏金额与收入关系密切，呈现正相关的关系。艾瑞咨询在 2016 年发布的《中国移动直播用户洞察报告》数据显示，有过打赏行为的用户占总用户的比例约为 39%。其中，月收入 3000 元以下的用户在直播中的月打赏金额集中在 200 元以下，月打赏金额低于 100 元的用户占 72.7%；月收入为 3000~5000 元的用户的月打赏金额大部分低于 200 元，这一部分用户占 62.3%；月收入 5000 元以上的用户的月打赏金额在 500 元以下。随着用户月收入的提高，月打赏金额 100 元以下的用户所占比例逐步下降，出现了高额打赏人群，直播用户的打赏金额整体上升。2016 年中国视频直播用户打赏金额与收入水平交叉分析如附录图 A-11 所示。

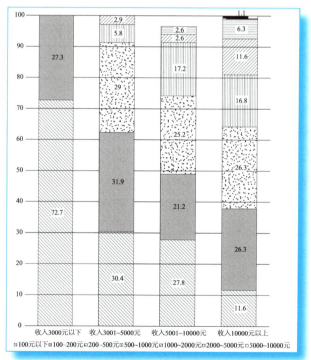

附录图 A-11　2016 年中国视频直播用户月打赏金额与收入水平交叉分析

今日网红从另一个角度对直播付费用户及其行为进行了调查，在它发布的直播行业系列报告中，统计了高金额付费用户（俗称"土豪"）打赏的相关数据。今日网红在 2017 年 1 月发布的《中国直播行业年度报告》统计了在映客、花椒、一直播三大平台打赏累计金额超 50 万人民币的 1084 名"土豪"用户的打赏情况。今日网红在 2017 年 7 月发布的《2017 直播行业半年报》统计了映客、花椒、一直播截至 2017 年 7 月 3 日头部主播贡献榜前 100 名"土豪"用户的总和，样本总量共 480000 名。其中，累计打赏金额排前 1 万名者为头部"土豪"。今日网红在 2018 年 8 月发布的《2018 直播行业半年报》中，统计了映客、花椒、一直播截至 2018 年 7 月 13 日头部主播贡献榜前 100"土豪"的用户总和，并把它作为样本总量，共 480000 名。其中，半年内累计打赏金额排前 1 万名者为头部"土豪"，并对头部主播性别结构、地区分布的特征和打赏金额进行了统计。需要注意的是，不同年份的统计时长及统计标准并不完全一致，不具备直接对比条件，本课题组的研究仅根据其比例数据观察变化趋势。

头部"土豪"在性别上存在明显的结构差异，男性占大比重，几乎占全部头部"土豪"的一半以上。与全部直播用户的性别结构对比这一特征更为明显，并且未表现出明显的平衡趋势。头部"土豪"所在地区分布既存在集中性又展现分散的趋势，在 2016 年的调查中，头部"土豪"位于北、上、广、深四地的用户占 43.06%；在 2017 年的调查中，来自北、上、广、深的"土豪"用户比重为 18.45%，2018 年该项数据则为 11.72%，如附录图 A-12 所示。

在打赏金额分布方面（见附录图 A-13），2016 年所调查的打赏累计金额超 50 万元的"土豪"共为主播贡献超过 15 亿元，61% 的"土豪"用户打赏金额为 50~99 万元，共打赏了 4.49 亿元；打赏金额为 100~999 万元的占 38%，共打赏 8.96 亿元；打赏 1 千万元以上的"土豪"的用户占 1%，打赏金额共达 1.7 亿元。在截至 2017 年 7 月的调查中，头部"土豪"累计打赏 20～50 万元的人数最多，为 6132 人，累计打赏超 1 千万元的有 22 人。在截至 2018 年 7 月的调查中，半年内收到打赏金额为 5～20 万元的头部主播有 4453 人，收到打赏金额大于 500 万元的头部主播有 9 人。

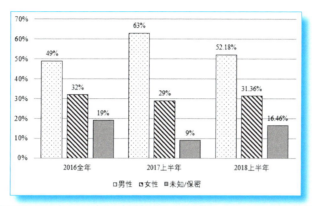

数据来源：今日网红 2017 年 1 月发布的《中国直播行业年度报告》；2017 年 7 月发布的《2017 直播行业半年报》；2018 年 8 月发布的《2018 直播行业半年报》。

附录图 A-12　2016—2018 年高额打赏用户性别比

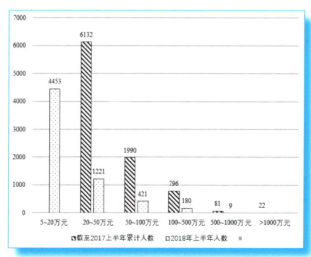

数据来源：今日网红 2017 年 1 月发布的《中国直播行业年度报告》；2017 年 7 月发布的《2017 直播行业半年报》；2018 年 8 月发布的《2018 直播行业半年报》。

附录图 A-13　2017—2018 年头部"土豪"打赏金额分布

附录

B

调研基本情况
简介

近年来，直播行业不断在产业格局及社会公众中掀起热潮，引发高度关注。对其进行全面客观的认识并进行预测的需求同样高涨：中国的网络直播一路如何走来、还能走多远以及今后如何走，是本研究的出发点和关注点。本次研究试图全面把握直播行业的发展现状、面临困局及破解方向，并在此基础上对直播的深层意义和属性进行综合把握。为实现上述研究目标，本次研究考察了行业发展的具体处境，了解直播平台的实际运营情况，探讨在直播市场早期发展红利逐渐褪去之后，经过行业洗牌重组竞争格局的直播企业，应该如何破解当前内部发展瓶颈和外部形象压力的困局，从而实现直播行业的健康长远发展。同时，在对经验事实进行梳理和分析的基础上，综合研究材料并结合相关理论，再次对"直播是什么"这一问题进行检视。除了在技术层面基于经验事实对其进行描述性定义，以及分析其作为互联网新兴产业的经济意义，本次研究将直播的社会文化属性作为关注重点，探究直播在社会中到底扮演何种角色，发挥何种影响；希望从更深的层次考察在直播兴起和发展引发巨大社会反响的表象下，对社会产生了何种类型及何种程度的影响；在爆发式增长和越来越高的用户覆盖率背后，直播到底在社会环境和个人生活中扮演了何种类型以及何种倾向的角色，并预测这种角色及其影响在日后发展的走向。

在实际调查中，本研究首先依据第三方机构出品的直播行业相关报告、直播平台年报等资料，对不同平台的直播内容及受众人群进行基于大数据的分析，研判直播平台的定位差异、内容差异和受众差异。在此基础上，初步把握直播行业的整体情况，并以此为依据筛选一些需实地走访的直播平台，力求覆盖直播行业内不同类型和发展情况的企业，提高调查个案的代表性。

本次调研走访的直播平台如下：最早开展秀场直播业务，专注平台管理不参与直播内容生产，以用户生产内容为核心构建观众与直播主良性互动的大型虚拟社区的六间房 (6 Rooms) 直播平台；以游戏媒体为主题，电视媒体、纸面媒体为补充的，互动直播频道以游戏直播为主，同时涵盖体育、综艺、娱乐等多种直播内容的全媒体覆盖游戏直播平台战旗；依托其强大母公司搜狐，平台"基调"偏向较高定位，目标用户群体主要为白领，内容的知识属性较强，重视 PGC 自媒体内容发展的千帆直播；邀请大量明星入驻，致力于平台造星计划，大力发展涵盖文化、娱乐、体育、旅游、音乐、健身、综艺节目、情景剧等多个领域的平台自制直播节目，聚焦"90 后""95 后"生活互动社交分享的花椒直播；包含音乐、科技、户外、体育、游戏等内容在内的国内最大全民娱乐直播平台，注册用户达到 10 亿人，月活跃用户达到 1.22 亿的 YY (歪歪) 直播；作为一下科技旗下产品矩阵的重要组成部分，与微博展开深度合作，达成直播战略合作伙伴关系，承担起微博直播业务的支持职能，依托微博聚集大量明星、网红，获取高效流量入口的一直播。定位为视频社交媒体的映客直播、以游戏直播为主的虎牙直播、综合游戏和娱乐直播的斗鱼直播、主打音乐品牌的酷狗直播等平台的负责人也都参与了调研座谈会。这些直播平台各自不同的定位与发展情况，保证了调查平台个案在企业规模、企业平台类型、内容制造战略、受众群体规模及特征等方面的区分度，对直播行业内平台的不同情况实现了较好的覆盖。

对直播平台进行走访调查的内容可以分为以下几个方面：首先是平台的基本情况，包括直播平台的注册用户量、注册主播量、日活跃用户量，以及直播平台的具体日常运营活动、成本、平台收入情况。综合不同平台的基本情况，对直播行业目前的整体发展状况形成初步认识。其次是各直播平台在内容上的分布现状、核心特色、日后的主打方向和长远的发展规划，包括各部分内容在类型、生产方式上的比重和安排，了解其基于目标用户群体需求的考虑对不同类型内容的规划，在参与内容制作或引导用户进行内容制作上的态度倾向；目前平台内部垂直内容发展的现状及规范，基于赢利情况、用户反馈、社会口碑等各方面因素考虑的"直播+"发展项目规划，以及平台向线下发展、将线上和线下相结合的部署情况。另外，在对各平台内容的现状及规划进行整体把握的基础上，重点了解各平台对于目前发展存在瓶颈的认识，以及他们针对发展瓶颈在内容、变现方式等方面创新的想法和实践，积累其成功或失败的案例。综合以上不同直播平台的发展布局，对行业发展的现状和突破口进行总体把握。基于对不同类型的直播和不同的生产内容方式进行的论述，分析作为社会媒介新景观，不同类型的直播如何发展体验经济，促进行业发展，将直播本身体现在科技上的进步意味，依托功能发掘和内容深耕发展出更为丰富的社会意义。

本次研究还调查了直播平台在实际运营中与主播、用户以及行业协会的关系，了解其平台内主播及头部主播的特征及收入情况，以及目前对主播实施的管理机制、合作关系及其发展倾向，包括对主播的招募、期望、培训和监督管理约束，以及合同的签订和接触等情况。在用户方面，本次研究了解平台内用户数量、用户类型、性别结构、地区分布等特征，掌握用户的日活跃量、月活跃量及用户打赏特征，关注平台对未成年人提供的特殊措施。考察不同直播平台的用户特征，比较其共性和差异性，完成一部分的受众分析，同时通过日活和月活的数据进一步掌握直播行业的市场状态和竞争格局。在考察用户的基本情况之外，本次研究还关注不同平台用户层次的客观分布及平台自身用户定位和扩展方向。在行业协会方面，本次研究调查了不同平台对行业协会的态度、参与行业协会活动的感受以及对行业协会未来发展的期待。

除此之外，本次研究还特别关注了直播平台对于直播行业在社会中经历的污名化遭遇以及目前在社会公众中存在的负面刻板印象的看法，了解直播平台对这一现象形成的理解以及这一现象给各平台带来的压力，与平台共同探讨破解办法。与此同时，本研究也在实地走访中重点了解了直播平台内部在规范化问题上的态度和措施。

为全面了解直播行业生态中各主体的互动情况，本次研究还走访了行业内业务能力和口碑得到广泛认可的经纪公司——天津无忧文化传媒有限公司，了解直播行业的主播招募、管理和培训情况以及公会与直播平台及主播的关系。无忧传媒是全国性互联网娱乐艺人成长平台，以艺人播客为主营业务，以网络直播为基础，构建网络造星"泛娱乐"的生态圈平台，实现娱乐直播行业到泛娱乐产业的全面升级。其分公司以艺人招募与本地培养，向各大娱乐、主播平台输送艺人为主要业务，目前旗下的优质艺人超过3000名，是微博一直播最大的运营商；同时与多家直播平台进行合作。除此之外，本次研究还了解了公会对于主播类型、主播结构、直播类型的看法，以及对直播行业目前在社会中存在的负面刻板印象的看法及解决建议。

主播是直播行业生态组成的又一重要主体。本次调研一方面通过对主播进行访谈，了解其日常工作的真实状态以及体验、对直播行业以及自身工作的看法、主播自身对他人和社会看法的感受、面临污名化的压力以及其应对办法。另一方面在直播这种参与式文化体验中，用户不仅是内容消费者，同样也是参与生产者，多重角色的身份同样是调查关注的重点。本次研究通过访谈直播用户，了解其对于直播的看法、观看直播的行为习惯、与主播互动以及打赏情况，以及参与直播的实际体验等；完成对受众群体的案例分析，同时考察直播内容在不同受众群体中传播机制，并且对直播内容以及直播参与对用户的影响进行分析，进一步理解直播在社会文化互动、文化生产消费乃至新兴文化形态层面的意义。

在对以上各直播行业重要主体走访调查的基础上，本研究将经验材料综合，分析直播行业的生产和运作情况、成果和困境及发展方向、完整生态体系及其内部互动、网络直播的规范化机制运行。

在实地访谈的同时，本研究还对一些主体关于直播的不同层次政策法规、公约规定进行了分析梳理，包括企业管理规章制度、行业协会出版相关报告及公约、政府相关政策文件以及法律法规，更为全面地认识目前直播行业形成的规范化机制。最后综合材料，分析和探讨网络直播的社会价值，对网络直播的优化和发展提出建议。

参考文献

[1] 艾媒咨询：《2016Q3 中国在线直播市场研究报告》，2016 年 12 月 29 日，见 http://www.iimedia.cn/47382.html.

[2] 艾媒咨询 .：《2017—2018 中国在线直播行业研究报告》，2018 年 1 月 25 日，见 http://www.iimedia.cn/60511.html.

[3] 艾瑞咨询：《2016 年中国移动直播用户洞察报告》，2016 年 12 月 29 日，见 http://report.iresearch.cn/report/201612/2708.shtml.

[4] 艾瑞咨询：《2017 年中国泛娱乐直播用户白皮书》，2017 年 2 月 28 日，见 http://report.iresearch.cn/report/201702/2955.shtml.

[5] 艾瑞咨询：《2017 年中国泛娱乐直播平台发展盘点报告》，2017 年 3 月 23 日，见 http://report.iresearch.cn/report/201703/2962.shtml.

[6] 艾瑞咨询：《2018 年中国网络直播营销市场研究报告》，2018 年 3 月 16 日，见 http://report.iresearch.cn/report/201803/3180.shtml.

[7] 艾瑞咨询：《2018 年中国网红经济发展研究报告》，2018 年 6 月 19 日，见 http://report.iresearch.cn/report/201806/3231.shtml.

[8] 艾瑞咨询：《2018 年中国泛娱乐直播营销趋势解读》，2018 年 7 月 11 日，见 http://report.iresearch.cn/report/201807/3240.shtml.

[9] 艾瑞咨询：《2018 年中国游戏直播行业研究报告》，2018 年 8 月 7 日，见 . http://report.iresearch.cn/report/201808/3254.shtml.

[10] 窦东徽，石敏，赵然，刘肖岑 . 社会生态心理学：探究个体与环境关系的新取向 [J]. 北京师范大学学报（社会科学版），2014，5：43-54.

[11] 方正证券：《下一波新浪潮：移动直播——视频产业演进史》，2016 年 3 月 29 日，见 http://ftp.shujuju.cn/platform/file/2017-01-22/af408ca02faf4547b0e463afde8de46c.pdf.

[12] [美] 欧文·戈夫曼 . 日常生活中的自我呈现 [M]. 冯钢 译 . 北京：北京大学出版社，2008.

[13] 贺洪花，黄学建：《从 UGC 到 PGC、PUGC：国内网络直播平台内容生产模式研究》[Z]，. 见 https://www.sinoss.net/show.php?contentid=77877.

[14] 黄斌，向勇．创意者网络：互联网语境下创意阶层的演化研究 [J]．深圳大学学报，2017，2：50-54.

[15] [美] 亨利·詹金斯，[日] 伊藤端子，[美] 丹娜·博伊德．参与的胜利：网络时代的参与文化 [M]．高芳芳 译．杭州：浙江大学出版社，2017.

[16] 侯玉波．社会心理学 [M]．北京：北京大学出版社，2002.

[17] 华创证券：《挖角大战终结，内容成本有望优化；用户主播粘性增强，平台马太效应突显》，2018 年 7 月 5 日，见 http://pdf.dfcfw.com/pdf/H3_AP201807061164057404_1.pdf.

[18] 今日网红：《2017 直播行业半年报》，2017 年 7 月 18 日，见 http://www.zhaihehe.com/?/news_detail/1239.

[19] 今日网红：《2018 直播行业半年报》，2018 年 8 月 8 日，见 http://www.zhaihehe.com/?/news_detail/1935.

[20] 今日网红：《中国直播行业年度报告：主播收入多少？究竟哪些土豪在打赏？》，2017 年 1 月 6 日，见 http://www.zhaihehe.com/?/news_detail/762.

[21] 贾毅．网络秀场直播的"兴"与"衰"——人际交往·狂欢盛宴·文化陷阱 [J]．编辑之友，2016，11：42-48.

[22] 孔令顺．论电视娱乐节目的逻辑起点 [J]．现代传播（中国传媒大学学报），2012，5：15-19.

[23] 李黎丹．网络直播可持续发展路径探析 [J]．南方电视学刊，2016，4：47-49.

[24] 廉思，唐盘飞．社会安全阀视域下的网络直播功能探析——基于北京网络主播青年群体的实证研究 [J]．中国青年研究，2018，1：48-55.

[25] 刘芳豫．中国网络视频直播的类型研究 [D]．北京：北京印刷学院，2018.

[26] 刘铭哲．UGC 撒网 PGC 做大，视频直播平台内容创作圈解读 [J]．数码影像时代，2016，6：6-29.

[27] 刘晓宇，张聪，李庚轩，王璐．互联网＋背景下网络视频直播发展模式探究 [J]．声屏世界，2017，2：63-65.

[28] [加] 马歇尔·麦克卢汉．理解媒介：论人的延伸 [M]．何道宽 译．北京：

商务印书馆，2000.

[29] [加] 埃里克·麦克卢汉，[加] 弗兰克·秦格龙. 麦克卢汉精粹 [M]. 何道宽 译. 南京：南京大学出版社，2001.

[30] [美] 约书亚·梅罗维茨. 消失的地域：电子媒介对社会行为的影响 [M]. 肖志军 译. 北京：清华大学出版社，2002.

[31] 陌陌：《2017 主播职业报告》，2018 年 1 月 7 日，见 http://www.xinhuanet. com/info/2018-01/07/c_136878205.htm.

[32] 企鹅智酷：《2017 中国网络视频直播行业趋势报告》，2017 年 3 月 24 日，见 http://www.199it.com/archives/575027.html.

[33] 全国 13 所高等院校《社会心理学》编写组. 社会心理学 [M]. 天津：南开大学出版社，2008.

[34] 舒动. 使用与满足理论视角下的网络视频直播平台发展对策研究 [D]. 南昌：江西财经大学，2017.

[35] 腾讯游戏：《腾讯互娱关于"泛娱乐"的那些事》，2015 年 3 月 25 日，见 http://games.qq.com/a/20150325/074233.htm.

[36] 王蕾. 亨利·詹金斯及其融合文化理论分析 [J]. 东南传播，2012，9：11-13.

[37] 吴小飞. 网红经济的内容生产研究 [D]. 合肥：安徽大学，2017.

[38] 肖道会. 网络文化畸形发展的原因及对策分析——对网络直播低俗化的思考 [J]. 改革与开放，2017，4：108-109.

[39] 向永心. 基于媒介场景理论的网络视频直播研究 [D]. 南昌：江西财经大学，2017.

[40] 杨玲. 媒介、受众与权力：詹金斯的"融合文化"理论 [J]. 山西大学学报 (哲学社会科学版)，2011，4：64-70.

[41] 李培林，[俄] 戈尔什科夫.《中国梦与俄罗斯梦：现实与期待》[C]. 北京：社科文献出版社，2016：165-189.

[42] 易观：《2018 中国游戏直播市场年度综合分析》，2018 年 6 月 15 日，见 https://www.analysys.cn/article/analysis/detail/1001380.

[43] 阴法锐. 关于中国网络直播热现象的探究 [D]. 济南：山东大学，2017.

[44] 尹鹏远．基于受众视角的网络直播研究 [D]．南宁：广西大学，2017．

[45] 喻国明．从技术逻辑到社交平台：视频直播新形态的价值探讨 [J]．新闻与写作，2017，2：51-54．

[46] 喻国明，杨颖兮．参与、沉浸、反馈：盈余时代有效传播三要素——关于游戏范式作为未来传播主流范式的理论探讨 [J]．中国出版，2018，8：16-22．

[47] [美] 约翰·费斯克．理解大众文化 [M]．王晓珏，宋伟杰 译．北京：中央编译出版社，2001．

[48] [美] 约瑟夫·派恩，[美] 詹姆斯·吉尔摩．体验经济 [M]．毕崇毅 译．北京：机械工业出版社，2018．

[49] 乐国安，韩振华．认知心理学 [M]．天津：南开大学出版社，2011．

[50] 岳改玲．新媒体时代的参与式文化研究 [D]．武汉：武汉大学，2010．

[51] 岳改玲．小议新媒介时代的参与式文化研究 [J]．理论界，2013，1：152-154．

[52] 曾响铃：《直播已入下半场，秀场直播该何去何从?》，2016 年 9 月 1 日，见 http://www.woshipm.com/it/406707.html．

[53] 张薇，张紫璇．网络直播只为共享无聊吗 ?[N]．光明日报，2016 年 5 月 28 日第 6 版．

[54] 张宗艺：《中国网络直播兴起，下个增长点在哪里》，2018 年 3 月 22 日，见 https://mp.weixin.qq.com/s/6HXRYIa9dHmk89p7seUXiw．

[55] 郑方圆．参与式文化背景下的媒介景观变迁 [D]．长春：吉林大学，2016．

[56] 中国青少年研究中心，苏州大学新媒介与青年文化研究中心"青少年网络流行文化研究"课题组，马中红．新媒介空间中的青少年文化新特征——"青少年网络流行文化研究"调研报告 [J]．中国青年研究，2016，7：58-66．

[57] 中国演出行业协会网络表演（直播）分会：《网络直播平台社会价值白皮书》，2017 年 5 月 20 日，见 http://www.tisi.org/4897．

[58] 猎豹全球智库：《2017 上半年中国直播 App 白皮书》，2017 年 7 月 7

日，见 https://xueqiu.com/2192156679/88406730.

[59] 中国互联网络信息中心（CNNIC）：《中国互联网络发展状况统计报 告》，2018 年 8 月 20 日，http://www.cnnic.net.cn/hlwfzyj/hlwxzbg/ hlwtjbg/201808/t20180820_70488.htm.

[60] 中国产业信息网：《2017 年中国直播行业现状及发展趋势分析》，2017 年 3 月 13 日，见 https://www.chyxx.com/industry/201703/503101.html.

[61] 中商产业研究院：《2018-2023 年中国在线直播行业市场前景及投 资 研 究 报 告》，2018 年 7 月 31 日， 见 http://www.askci.com/news/ chanye/20180731/1701111127386.shtml.

[62] 中商产业研究院：《2018 年中国直播行业前景研究报告》，2018 年 7 月 24 日， 见 http://www.askci.com/news/chanye/20180724/0853281126533. shtml.

[63] Auslander, Philip. Liveness: Performance in a Mediatized Culture[M]. London: Routledge, 2008.

[64] Brown, E: Asia is Leading Social Media Innovation Through Livestreaming -- Can the US Catch up. 2017-09-18, https://www.zdnet.com/article/asia-is- leading-social-media-innovation-through-live-streaming-can-the-us-catch-up/.

[65] Burgess, J. & Green, J. Youtube: Online Video and Participatory Culture [M]. Cambridge: Polity Press, 2009.

[66] Carson, C. Technology as a Bridge to Audience Participation? In: Broadhurst S., Machon J. (eds) Performance and Technology[C]. London, Palgrave Macmillan, 2006.

[67] Cheng, B: Goldman Sachs expects two Chinese social media stocks to climb double-digits on livestreaming, 2017-08-31, https://www.cnbc.com/2017/08/31/ goldman-sachs-expects-two-chinese-social-media-stocks-to-climb-double- digits-on-livestreaming.html.

[68] Couldry, N. Media Rituals: A Critical Approach [M]. London and NewYork: Routledge, 2006.

[69] Crystal, David. Language and the Internet [M]. Cambridge: Cambridge

University Press, 2001.

[70] Danet, Breda & Herring, S. C. The Multilingual Internet: Language, Culture, and Communication Online [M]. Oxford: Oxford University Press, 2007.

[71] Florida, Richard. The Rise of the Creative Class[M]. New York: Basic Books, 2012.

[72] Hjorith, Larissas. Games and Gaming: An Introduction to New Media [M]. Oxford: Berg, 2011.

[73] Israele, E: Get Camera Ready: Live Streaming is the Future of Social Media, 2017-02-22, https://www.business.com/articles/why-live-streaming-is-the-future-of-social-media/.

[74] Luke Marthinusen: Social Media Trends in 2018: Live Streaming Dominates the Social Media Landscape, 2017-12-21, https://www.mo.agency/blog/social-media-trends-2018-streaming.

[75] Mediakix: The Best Social Media Apps For Live Streaming, 2017-02-25, http://mediakix.com/2017/02/best-live-streaming-social-media-apps-platforms-comparison/#gs.ycNBSaQ.

[76] Nielsen: Live TV+ Social Media = Engaged Viewers, 2015-04-06, http://www.nielsen.com/us/en/insights/news/2015/live-tv-social-media-engaged-viewers.html.

[77] OECD. Participative Web and User-Created Content: Web 2.0, Wikis and Social Networking, 2007-9-28, https://www.oecd-ilibrary.org/science-and-technology/participative-web-and-user-created-content_9789264037472-en.

[78] Oishi, S. & Graham, J. Social ecology: Lost And Found in Psychological Science [J]. Perspectives on Psychological Science, 2010, 5: 356-377.

[79] Van Es, Karin. The Future of Live [M]. London: Polity, 2017.